Rosenkranz-Andachten

Konkrete Liturgie

Johannes Putzinger (Hg.)

Rosenkranz-Andachten

Verlag Friedrich Pustet
Regensburg

Bibliografische Information der Deutschen Nationalbibliothek

Die Deutsche Nationalbibliothek verzeichnet diese Publikation in der
Deutschen Nationalbibliografie; detaillierte bibliografische Daten
sind im Internet über http://dnb.d-nb.de abrufbar.

www.liturgie-konkret.de
www.pustet.de

ISBN 978-3-7917-2138-5
© 2008 by Verlag Friedrich Pustet, Regensburg
Umschlaggestaltung: Cornelia Hofmann und Martin Veicht
Umschlagbild: www.fotolia.com
Satz und Layout: MedienBüro Monika Fuchs, Hildesheim
Druck und Bindung: Friedrich Pustet, Regensburg
Printed in Germany 2008

Inhalt

Vorwort 7
Wie man das Rosenkranzgebet bereichern kann 9

Jesus, der das Heilswerk für uns vollbracht hat
Andachten zu den traditionellen Rosenkranz-Gesätzen

1 Der freudenreiche Rosenkranz 12
2 Der lichtreiche Rosenkranz 18
3 Der schmerzhafte Rosenkranz 26
4 Der glorreiche Rosenkranz 31
5 Der trostreiche Rosenkranz 36

Jesus, der allezeit bei uns ist
Rosenkranzandachten im Kirchenjahr

6 Rosenkranzandachten nach den O-Antiphonen 44
7 Rosenkranzandacht in der Weihnachtszeit 46
8 Rosenkranzandacht zum Kreuzweg des Herrn 52
9 Rosenkranzandacht in der Osterzeit 58
10 Rosenkranzandachten in der Pfingstnovene 64

Jesus, der uns als Guter Hirte begegnet
Rosenkranzandachten zu Christusgeheimnissen aus den Evangelien

11 Rosenkranzandacht zu den Heilungswundern 72
12 Rosenkranzandacht zu den „Ich-bin"-Worten 76
13 Rosenkranzandacht zum barmherzigen Jesus 83
14 Rosenkranzandacht zur Gegenwart Christi 89
15 Rosenkranz zum Totengebet 93

Jesus, der unser Herr ist
Rosenkranzandachten zu den neutestamentlichen Briefen

16 Rosenkranzandacht zu Röm 8,31–39 98
17 Rosenkranzandacht zum Phil 2,6-11 103
18 Rosenkranzandacht zu 1 Tim 3,16 108
19 Rosenkranzandacht zum Hebräerbrief 114
20 Rosenkranzandacht zur Geheimen Offenbarung 121

Jesus, der uns Maria, seiner Mutter, anvertraut
Rosenkranzandachten zu marianischen Motiven

21 Maria, Königin des Friedens 128
22 Maria, die Gott erhoben hat 133
23 Maria, in der sich Himmel und Erde berühren 137
24 Maria, die das Wort Gottes hörte und es befolgte 140
25 Maria, uns zur Mutter gegeben 145

Lieder

Rosenkranzkönigin 17
Lied zum lichtreichen Rosenkranz 18
Erhebt in vollen Chören 42
Lied zum Kreuzweg-Rosenkranz 53
Im Maien hebt die Schöpfung an 70
Lied zum Rosenkranz zu den Heilungswundern Christi 72
Es singt in mir mein Herz zu dir 75
Lied zum Rosenkranz nach den „Ich bin"-Worten 76
Lied zum Rosenkranz zur Gegenwart Christi 89
Wer bin ich, dass du mich suchst? 126
Maria, Maienkönigin 132
Als strahlend helles Morgenrot 143

Nachweise 149

Vorwort

Nicht alle Katholiken wissen heute mit dem Rosenkranzgebet etwas anzufangen, Nicht wenigen – Jungen wie Älteren – erscheint es als eine überholte Gebetsform. Auf der anderen Seite kenne ich auch Jugendliche, welche dieses Gebet wieder neu für sich entdeckt haben und es mit Begeisterung pflegen – vielleicht auch, weil sie erkannt haben, dass etwas, was auch andere Konfessionen, ja sogar Religionen in abgewandelter Form kennen, auch für sie eine Möglichkeit für geisterfülltes Beten darstellt. Nicht zuletzt habe ich mich bei mancher Totenwache schon selber nach dem „guten alten Rosenkranz" gesehnt, wenn diese in eine „Seligsprechung" des Verstorbenen ausartete.

Was macht den Rosenkranz für unsere Zeit interessant? Zunächst einmal ist er ein einfaches Gebet: Ich brauche im Grunde genommen nur vier Texte, die größtenteils in der Heiligen Schrift zu finden sind, um – vor allem auch gemeinsam und längere Zeit – beten zu können. Eine zweite Antwort klingt in der ersten bereits an: Der Rosenkranz ist ein durch und durch biblisches Gebet, egal, ob ich nun die „klassischen" Geheimnisse betrachte oder für mich selber stets neue aus den biblischen Texten herausfiltere. Dies ist mir in der Arbeit für dieses Buch neu bewusst geworden, und mit den hier vorgelegten Betrachtungen habe ich die Heilige Schrift noch längst nicht „ausgereizt". Wertvolle Anregungen dazu bietet der Beitrag von Franz Feineis (S. 9).

Das Buch gliedert sich in fünf Abschnitte, zu denen jeweils fünf Rosenkränze gehören, die zu kleinen Andachten erweitert sind. Den einzelnen Gesätzen sind meist ein kurzes Schriftwort, ein darauf bezogener Impuls sowie ein passendes Lied oder eine Liedstrophe beigegeben. Man kann aber auch die einzelnen Rosenkränze ohne diese Hilfen beten; das Rosenkranzgebet als solches ist ja bereits eine Meditation über das Christus-Geheimnis, das in ihnen ausgesprochen wird. Einige der Andachten entstammen der Gottesdiensthilfe „Liturgie konkret digital" und wurden für dieses Buch leicht überarbeitet. Dass der Rosenkranz nicht nur ein Gebet für den Monat Oktober ist, sondern ganzjährig aktuell ist, zeigt ja auch schon der Aufbau dieses Buches.

Mit großer Freude habe ich mich zu seiner Erstellung bereiterklärt, und diese Freude und das Staunen über den Reichtum der biblischen Texte hat während der Arbeit immer noch zugenommen. Ich möchte an dieser Stelle allen von Herzen danken, die mir hierfür ihr Vertrauen geschenkt haben: dem Verlag Friedrich Pustet mit seinem Lektor Dr. Rudolf Zwank, Herrn Prof. Dr. Guido Fuchs, der die erste Anfrage an mich richtete, und allen, die an der Herstellung dieses Buches beteiligt waren.

Möge es seinen Weg zu den Seelsorgern und Gläubigen finden und ihnen eine bescheidene Hilfe sein, das Rosenkranzgebet in ihren Pfarrgemeinden und geistlichen Gruppen neu oder noch mehr schätzen zu lernen!

H. Johannes Putzinger Can.Reg.

Wie man das Rosenkranzgebet bereichern kann

Der Rosenkranz ist gewissermaßen eine Bildbetrachtung Jesu ohne Diaprojektor. Die einzelnen Jesusgeheimnisse sind Sprachbilder, die zur Identifikation, zur Besinnung und Verinnerlichung einladen. Das Ave Maria sind die Trägerworte, die wie das Licht beim Projektor das Jesusbild erst zum Leuchten bringen. Dennoch bedarf das Gebet der Anleitung, um es fruchtbar werden zu lassen.

Bevor wir beten, sage ich das Gesätz an, zum Beispiel Jesus, der für uns Blut geschwitzt hat. „Bitte, stellen Sie sich einen Menschen vor, dem Blut über das Gesicht läuft. Welches Gesicht hat Ihr Jesusbild? Ist es verzerrt, traurig, gefasst? Mit jedem Jesusanruf holen Sie dieses Bild vor Ihr geistiges Auge." Mit dieser Einladung zur bildlichen Vorstellung wiederholen wir das Geheimnis drei-, fünf- oder zehnmal.

Eine Möglichkeit in der Rosenkranzandacht ist es, die einzelnen Gesätze mit anderen Bildern zu ergänzen; zum Beispiel „Jesus, der für uns Blut geschwitzt hat" mit „Jesus, der unser Leid und Schicksal teilt"; „Jesus, der Angst und Tränen kennt"; „Jesus, der seinen Tod annehmen lernt" (vgl. auch die Jesuslitaneien GL 765 und GL 766).

Ebenso kann nahezu jeder Evangelientext in Jesusanrufungen meditiert werden. Ich verkünde zum Beispiel das Evangelium Mt 9,9–13 und lade zur Meditation darüber ein: „Jesus, der zu Zachäus aufsieht"; „Jesus, der sich der Kleinen und der Sünder annimmt"; „Jesus, der uns sein Erbarmen schenkt"; „Jesus, der sich einlädt an unseren Tisch"; „Jesus, der uns seine heilsame Nähe schenkt".

Auch persönliche und gemeindliche Anliegen können in Jesus verankert und in das Rosenkranzgebet eingebracht werden: „Jesus, der den Freund als Geschenk anvertraut hat"; „Jesus, der ... auf seiner Reise begleiten möge"; „Jesus, der ... seinen Geist der Kraft in ihrer schweren Entscheidung schenken möge"; „Jesus, der den Familienkreis unserer Gemeinde führen möge".

Der häufig geäußerten Sorge, unandächtig beim Rosenkranzgebet zu sein, halte ich die trostreiche Aussage der großen Beterin Theresia von Konnersreuth entgegen, die gesagt haben soll: „Ich habe noch nie einen

Rosenkranz ganz und gar andächtig gebetet." Es kommt nicht auf das Bewusstsein im Kopf, sondern auf das Innewerden der Seele an. So ermutige ich die Beter auch, beim „unandächtigen" Beten das Gesätz nicht zu wiederholen, sondern mit der nächsten Kugel einfach wieder neu zu beginnen, denn: Gott ist doch kein Erbsenzähler. So rate ich, sich einfach mittragen zu lassen vom Gebet der Gemeinschaft.

Ein Vorwurf der Nichtbeter ist: „Das ist doch nur ein Geleier und Geplapper." Ich antworte aus meiner Gebetserfahrung heraus: „Ja, dann ist der Rosenkranz richtig gebetet, weil es nicht um den einzelnen Wortsinn des Gebets geht, sondern um das Jesusgeheimnis, das aus dem Wortrhythmus herausfällt und immer wieder angerufen wird."

Der Rosenkranz lebt von der Wiederholung der Gedanken, die nicht jedesmal neu mit dem Kopf erfasst werden, sondern in die Tiefe der Seele fallen und übergehen sollen.

Pfr. Franz Feineis

Jesus,
der das Heilswerk
für uns vollbracht hat

Andachten zu den
traditionellen Rosenkranz-Gesätzen

1
Der freudenreiche Rosenkranz

1. Jesus, den du, o Jungfrau, vom Heiligen Geist empfangen hast
2. Jesus, den du, o Jungfrau, zu Elisabet getragen hast
3. Jesus, den du, o Jungfrau, in Betlehem geboren hast
4. Jesus, den du, o Jungfrau, im Tempel aufgeopfert hast
5. Jesus, den du, o Jungfrau, im Tempel wiedergefunden hast

Eröffnung

Lied Rosenkranzkönigin, 1. Str. (S. 17)

Andachtsteil GL 783,4
bis „... das der Herr vor allen Völkern bereitet hat"
und als Abschluss „Herr, himmlischer Vater"

1. Jesus, den du, o Jungfrau, vom Heiligen Geist empfangen hast

Liedstrophe GL 590,1 (Maria, sei gegrüßt) *oder*
GL 594,1–2 (Maria, dich lieben)

Schrifttext Maria sagte zu dem Engel: Wie soll das geschehen, da ich keinen Mann erkenne? Der Engel antwortete ihr: Der Heilige Geist wird über dich kommen, und die Kraft des Höchsten wird dich überschatten. Deshalb wird auch das Kind heilig und Sohn Gottes genannt werden. *(Lk 1,34f)*

Impuls Maria, im Geist versetze ich mich in dein Wohnhaus in Nazaret, stelle mir das Kommen des Engels zu dir vor, dein Erschrecken, als er dich anspricht, deine Schwierigkeiten, zu erkennen, wie all das Wirklichkeit werden soll, was der Engel dir ankündigt. Rein

menschlich gesehen kann das nicht sein, aber für Gott ist alles möglich. Gottes Geist, der bei der Erschaffung der Welt über den Wassern schwebte und bewirkte, dass aus dem Chaos die Schöpfung entstand, er kommt nun über dich, um den aus dir erstehen zu lassen, der kommt, um das noch viel größere Chaos der Sünde zu überwinden. Mit dem Beginn des irdischen Lebens Jesu beginnt auch die Neuschöpfung der Welt.
Maria, mit dir bitten wir, dass der Heilige Geist auch in uns neues Leben schaffe, wo Trockenheit und Tod der Seele herrschen.

2. Jesus, den du, o Jungfrau, zu Elisabet getragen hast

Lied GL 590,2

Schrifttext Nach einigen Tagen machte sich Maria auf den Weg und eilte in eine Stadt im Bergland von Judäa. Sie ging in das Haus des Zacharias und begrüßte Elisabet.
(Lk 1,39f)

Impuls Maria, du bist die erste, die Christus, den Erlöser, zu den Menschen trägt. Der Evangelist Lukas berichtet uns, du seiest geeilt. Es war wohl die Freude über das, was Gott an dir und auch an Elisabet gewirkt hatte. Dein Lobgesang, den die Kirche bis heute jeden Tag singt, preist Gottes Größe und sein Erbarmen zu allen, die arm und bedürftig sind in vielerlei Hinsicht.
Maria, mit dir beten wir für alle, denen es in unseren Tagen aufgetragen ist, Christus im Wort und im Sakrament den Mensch zu bringen.

3. Jesus, den du, o Jungfrau, in Betlehem geboren hast

Lied GL 590,3

Schrifttext In jenen Tagen erließ Kaiser Augustus den Befehl, alle Bewohner des Reiches in Steuerlisten einzutragen. Dies geschah zum ersten Mal; damals war Quirinius Statthalter von Syrien. Da ging jeder in seine Stadt, um sich eintragen zu lassen. So zog auch Josef von der Stadt Nazaret in Galiläa hinauf nach Judäa in die Stadt Davids, die Betlehem heißt; denn er war aus dem Haus und Geschlecht Davids. Er wollte sich eintragen lassen mit Maria, seiner Verlobten, die ein Kind erwartete. Als sie dort waren, kam für Maria die Zeit ihrer Niederkunft, und sie gebar ihren Sohn, den Erstgeborenen. Sie wickelte ihn in Windeln und legte ihn in eine Krippe, weil in der Herberge kein Platz für sie war. *(Lk 2,1–7)*

Impuls Maria, die Geburt Jesu in Betlehem ist kein Mythos, sie hat sich zugetragen zur bestimmten Zeit an einem bestimmten, heilsgeschichtlich bedeutsamen Ort. In der Stadt Davids begann auch das Leben deines Sohnes, den die Menschen später immer wieder als Sohn Davids ansprechen werden. Was David und alle seine Nachfolger als Könige nicht vermochten, das hat dein Sohn uns erwirkt: den Frieden und das Heil für die Menschen aller Zeiten, von denen nur eines verlangt ist: dass sie guten Willens sind.
Maria, mit dir wollen wir beten, dass die Getauften Jesus in ihrem Herzen aufnehmen und sich von ihm heilen lassen.

4. Jesus, den du, o Jungfrau, im Tempel aufgeopfert hast

Lied   GL 590,4

Schrifttext   Dann kam für sie der Tag der vom Gesetz des Mose vorgeschriebenen Reinigung. Sie brachten das Kind nach Jerusalem hinauf, um es dem Herrn zu weihen, gemäß dem Gesetz des Herrn, in dem es heißt: Jede männliche Erstgeburt soll dem Herrn geweiht sein.
(Lk 2,22 f)

Impuls   Kinder, so sagt man, sind nicht unser Eigentum, sie sind uns nur für eine bestimmte Zeit anvertraut. Auch du musstest diese Erfahrung machen, Maria, und gleich zu Beginn seines irdischen Lebens brachtest du deinen Erstgeborenen Gott, dem Herrn, dar. Ob dir damals wohl schon ganz bewusst war, dass Jesus Gott so gehört wie kein Mensch sonst? Bevor dein Sohn sein Leben hingab für uns, schenktest du ihn Gott zurück. Maria, mit dir beten wir für alle Väter und Mütter um die Bereitschaft, ihre Kinder loszulassen, damit Gott sie in seinen vielfältigen Dienst berufen kann.

5. Jesus, den du, o Jungfrau, im Tempel wiedergefunden hast

Lied   GL 590,5

Schrifttext   Die Eltern Jesu gingen jedes Jahr zum Paschafest nach Jerusalem. Als er zwölf Jahre alt geworden war, zogen sie wieder hinauf, wie es dem Festbrauch entsprach. Nachdem die Festtage zu Ende waren, machten sie sich auf den Heimweg. Der junge Jesus aber blieb in Jerusalem, ohne dass seine Eltern es merkten. Sie meinten, er sei irgendwo in der Pilgergruppe, und reisten eine Tagesstrecke weit; dann suchten sie ihn bei den Verwandten und Bekannten. Als sie ihn nicht fanden, kehrten sie nach Jerusalem zurück und suchten ihn dort. Nach drei Tagen fanden sie ihn im Tempel; er saß mitten unter den Lehrern, hörte ihnen zu und stellte Fragen. Alle, die ihn hörten, waren erstaunt über sein Verständnis und über seine Antworten. Als seine Eltern ihn sahen, waren sie sehr betroffen und seine Mutter sagte zu ihm: Kind, wie konntest du uns das antun? Dein Vater und ich haben dich voll Angst gesucht. Da sagte er zu ihnen: Warum habt ihr mich gesucht? Wusstet ihr nicht, dass ich in dem sein muss, was meinem Vater gehört? Doch sie verstanden nicht, was er damit sagen wollte. *(Lk 2,41–50)*

Impuls Maria, jetzt wird mir klar: Auch du musstest erst lernen, die Dinge im rechten Licht zu sehen. Dein Sohn musste dir die Augen dafür öffnen, dass Gott es wirklich ernst meinte, als du ihn, Jesus, damals zum Tempel nach Jerusalem brachtest und dort Gott darstelltest. Zugleich macht die Antwort Jesu dir klar, dass dort kein ängstliches Suchen nötig ist, wo Eltern ihr Kind im Haus des himmlischen Vaters wissen.
Maria, mit dir beten wir für alle Eltern, die in Sorge sind um ihre Kinder.

Abschluss

Lied Rosenkranzkönigin, 2. Str.

Andachtsteil GL 773,3

Schlussgebet Guter Gott, durch die Menschwerdung deines Sohnes hast du der Welt Freude geschenkt. Wir verehren Maria als die Ursache unsere Freude. Lass uns wie sie auf dem Weg deiner Gebote gehen und unsere Herzen dort verankern, wo die wahren Freuden sind. Darum bitten wir durch Jesus Christus.

Segen und Entlassung

Lied GL 578,1.6-7 (Meerstern, sei gegrüßet)

Rosenkranzkönigin

1. Rosenkranzkönigin, Mutter des Lebens! / Wer dir sich anvertraut, hofft nicht vergebens. / Du trugst das Gotteskind, das uns das Leben bringt: Jungfrau, Mutter des Lebens.

2. Rosenkranzkönigin, Mutter voll Liebe! / Hilf uns, dass unser Herz Gott nicht betrübe. / In seiner Jugendzeit hast du den Herrn betreut: Jungfrau, Mutter voll Liebe.

3. Rosenkranzkönigin, Mutter der Schmerzen! / Du nahmst des Sohnes Leid tief dir zu Herzen; / trugst mit ihm jede Not bis in den Kreuzestod: Jungfrau, Mutter der Schmerzen.

4. Rosenkranzkönigin, Mutter der Schmerzen! / Rühre zum Mitleid auch unsere Herzen. / Du nahmst zu unserm Heil an der Erlösung teil: Jungfrau, Mutter der Schmerzen.

5. Rosenkranzkönigin, Jungfrau, verklärte! / Strahlend im Glanz, mit dem Christus dich ehrte. / Des Heilands Helferin, Gnadenvermittlerin: Jungfrau, glorreich verklärte.

6. Rosenkranzkönigin, Jungfrau, verklärte! / Zierde des Himmels und Freude der Erde. / Lass uns im Glorienschein mit dir bei Jesus sein: Jungfrau, glorreich verklärte.

T: Friedrich Dörr, nach J. B. Tafretshofer   M: Michael Haller, 1890
(GL-Diözesananhang Bamberg, 976)

2 Der lichtreiche Rosenkranz

1. Jesus, der von Johannes getauft wurde
2. Jesus, der sich bei der Hochzeit in Kana offenbart hat
3. Jesus, der uns das Reich Gottes verkündet hat
4. Jesus, der auf dem Berg verklärt worden ist
5. Jesus, der uns die Eucharistie geschenkt hat

Lied zum lichtreichen Rosenkranz

1. Maria, sei gegrüßt
mit deinem lieben Sohn,
der an dem Jordanstrand
hin zu Johannes ging,
die Taufe dort empfing:
Bitt Gott für uns, Maria.

2. Maria, sei gegrüßt
mit deinem lieben Sohn.
„Was er euch sagt, das tut!"
Auf ihn nur wolln wir schaun
und seiner Hilf vertraun:
Bitt Gott für uns, Maria.

3. Maria, sei gegrüßt
mit deinem lieben Sohn,
der uns das Gottesreich
zum Heil verkündet hat
im Wort und in der Tat:
Bitt Gott für uns, Maria.

4. Maria, sei gegrüßt
mit deinem lieben Sohn.
Er ist das Licht der Welt,
das uns durch Kreuz und Tod
führt auf den Weg zu Gott:
Bitt Gott für uns, Maria.

5. Maria, sei gegrüßt
mit deinem lieben Sohn.
Er gibt sich uns als Brot,
er schenkt sich hin wie Wein
und lädt zum Mahl uns ein:
Bitt Gott für uns, Maria.

T: Hans-Dieter Fischer (nach GL 590)
M: zu singen nach GL 590

Vorbemerkung *Die einzelnen Geheimnisse lassen sich auf mehrere Andachten verteilen, so dass als Rahmen der Eröffnungsteil (Lied, Einführung, Psalm oder Kyrie-Rufe, Gebet) und ein abschließender Teil (Gebet, Lied) bleiben. Dieser Abschluss kann, wenn das Altarsakrament zur Anbetung ausgesetzt wurde, mit dem Eucharistischen Segen schließen. Die einzelnen Teile bestehen jeweils aus einer Schriftlesung, einem Impuls, dem Beten des jeweiligen Rosenkranz-Geheimnisses und einer Liedstrophe.*

Eröffnung

Lied   GL 579 (Maria, Himmelskönigin)

Einführung   Wer das Leben Jesu nach den Rosenkranz-Geheimnissen meditiert, weiß, dass sie einen großen Sprung von der Kindheit Jesu direkt zu seinem Leiden und zu seiner österlichern Verherrlichung machen. Jesu öffentliches Wirken kommt in den traditionellen Rosenkranzgeheimnissen nicht vor. Sie stehen aber im Mittelpunkt des so genannten Lichtreichen Rosenkranzes. Beginnend mit der Taufe im Jordan über die Hochzeit zu Kana und die Predigt des kommenden Gottesreiches bis zur Verklärung Jesu auf dem Berg Tabor und der Einsetzung der Eucharistie im Abendmahlssaal sind sie Geheimnisse des Lichtes, weil in ihnen Christus als das Licht der Welt aufleuchtet, wie Papst Johannes Paul II. sagte.

Maria scheint – mit Ausnahme der Hochzeit zu Kana – in diesen Geheimnissen im Hintergrund zu bleiben Und doch hat sie das Wort Gottes gehört, es in ihrem Herzen bewahrt und danach gehandelt. Mit ihr, die uns als „Tor des Lichtes" *(GL 579,1)* Jesus Christus geboren hat, wollen wir das Geheimnis ihres göttlichen Sohnes meditieren. Wir beten mit ihr darum, im Lichte Christi das ewige Licht Gottes zu schauen.

Psalm   Ps 36; GL 724,1.2

oder
Kyrie-Rufe   Herr Jesus Christus,
Gott von Gott, aus dem Vater geboren vor aller Zeit:
Kyrie eleison.
Licht vom Licht, eines Wesens mit dem Vater:
Christe eleison.
Für uns Mensch geworden aus der Jungfrau Maria:
Kyrie eleison.

Gebet   Allmächtiger Gott, wenn wir auf deinen Sohn hören, offenbarst du uns dich selbst als der ewige Vater. Lass uns in den Geheimnissen seines göttlichen Lichtes dein Reich erahnen, das mit der Geburt Jesu aus der Gottesmutter Maria unter uns angebrochen ist. Darum bitten wir durch ihn, Jesus Christus.

1. Jesus, der von Johannes getauft wurde

Liedstrophe   Maria, sei gegrüßt, 1. Str. (S. 18)

Schrifttext   Zu dieser Zeit kam Jesus von Galiläa an den Jordan zu Johannes, um sich von ihm taufen zu lassen. Johannes aber wollte es nicht zulassen und sagte zu ihm: Ich müsste von dir getauft werden, und du kommst zu mir? Jesus antwortete ihm: Lass es nur zu! Denn nur so können wir die Gerechtigkeit (die Gott fordert) ganz erfüllen. Da gab Johannes nach. Kaum war Jesus getauft und aus dem Wasser gestiegen, da öffnete sich der Himmel, und er sah den Geist Gottes wie eine Taube auf sich herabkommen. Und eine Stimme aus dem Himmel sprach: Das ist mein geliebter Sohn, an dem ich Gefallen gefunden habe. *(Mt 3,13–17)*

Impuls   Jesus ließ sich mit etwa 30 Jahren von Johannes im Jordan taufen. Es handelte sich um eine Bußtaufe, die das Symbol des Wassers verwendete, um die Reinigung des Herzens und Lebens zum Ausdruck zu bringen. Johannes, der „Täufer" genannt, predigte dem Volk Israel diese Taufe zur Vorbereitung auf das nahe Kommen des Messias; er sagte allen, dass nach ihm ein anderer kommen sollte, der stärker sei als er und der nicht mit Wasser, sondern mit dem Heiligen Geist taufen würde. Als Jesus im Jordan getauft wurde, kam der Heilige Geist herab und ließ sich in Gestalt einer Taube auf ihm nieder; da erkannte Johannes der Täufer, dass er der Christus war, das „Lamm Gottes", gekommen, um die Sünde der Welt hinwegzunehmen. Deshalb ist auch die Taufe im Jordan eine „Epiphanie", eine Offenbarung der messianischen Identität des Herrn und seines Erlösungswerks. Dieses gipfelt in einer weiteren „Taufe", nämlich der seines Todes und seiner Auferstehung, durch die die ganze Welt im Feuer der göttlichen Barmherzigkeit gereinigt wird.

(Benedikt XVI.)

2. Jesus, der sich bei der Hochzeit in Kana offenbart hat

Liedstrophe　　Maria, sei gegrüßt, 2. Str.

Schrifttext　　Am dritten Tag fand in Kana in Galiläa eine Hochzeit statt und die Mutter Jesu war dabei. Auch Jesus und seine Jünger waren zur Hochzeit eingeladen. Als der Wein ausging, sagte die Mutter Jesu zu ihm: Sie haben keinen Wein mehr. Jesus erwiderte ihr: Was willst du von mir, Frau? Meine Stunde ist noch nicht gekommen. Seine Mutter sagte zu den Dienern: Was er euch sagt, das tut! Es standen dort sechs steinerne Wasserkrüge … Jesus sagte zu den Dienern: Füllt die Krüge mit Wasser! Und sie füllten sie bis zum Rand. Er sagte zu ihnen: Schöpft jetzt und bringt es dem, der für das Festmahl verantwortlich ist. Sie brachten es ihm. Er kostete das Wasser, das zu Wein geworden war. Er wusste nicht, woher der Wein kam; die Diener aber, die das Wasser geschöpft hatten, wussten es. So tat Jesus sein erstes Zeichen, in Kana in Galiläa und offenbarte seine Herrlichkeit, und seine Jünger glaubten an ihn. *(Joh 2,1–6a.7–9.11)*

Impuls Die Unbefleckte Jungfrau spiegelt die Barmherzigkeit des Vaters wider. Ohne Erbsünde empfangen, vermochte sie auch jenen zu vergeben, die ihren Sohn zu Füßen des Kreuzes verlassen und verletzt hatten. Sie hilft uns als „Anwältin" in unseren Nöten und legt bei ihrem Sohn Fürsprache für uns ein, indem sie, wie damals im galiläischen Kana, zu ihm sagt: „Sie haben keinen Wein mehr", im Vertrauen darauf, dass sein gütiges Herz uns in einem schwierigen Augenblick nicht enttäuschen wird. Mit der klaren Weisung: „Was er euch sagt, das tut!", lädt sie uns ein, uns Christus zu nähern und bei dieser Suche zu erfahren, zu spüren und zu sehen, „wie gütig der Herr ist". Aus dieser Erfahrung entsteht im menschlichen Herzen ein geschärfter Blick, um das Gute, das Schöne und das Wahre schätzen zu lernen. *(Benedikt XVI.)*

3. Jesus, der uns das Reich Gottes verkündet hat

Liedstrophe Maria, sei gegrüßt, 3. Str.

Schrifttext Nachdem man Johannes ins Gefängnis geworfen hatte, ging Jesus wieder nach Galiläa; er verkündete das Evangelium Gottes und sprach: Die Zeit ist erfüllt, das Reich Gottes ist nahe. Kehrt um, und glaubt an das Evangelium! *(Mk 1,14–15)*

Impuls Die Botschaft Jesu wird völlig missverstanden, wenn man sie aus dem Zusammenhang des Glaubens und der Hoffnung des auserwählten Volkes heraustrennt: Wie Johannes der Täufer, sein unmittelbarer Vorläufer, wendet sich Jesus zuallererst an Israel, um es in der Endzeit, die mit ihm angebrochen ist, zu „sammeln". Und wie die Predigt des Johannes, so ist auch die Verkündigung Jesu gleichzeitig Gnadenruf und Zeichen des Widerspruchs und des Gerichts für das gesamte Volk Gottes. Vom ersten Augenblick seines Heilswirkens an strebt deshalb Jesus von Nazaret danach, das Volk Gottes zu sammeln. Auch wenn seine

Verkündigung immer ein Aufruf zur persönlichen Umkehr ist, hat er in Wirklichkeit stets den Aufbau des Volkes Gottes als Ziel vor Augen, das zu sammeln, zu reinigen und zu retten er gekommen ist. *(Benedikt XVI.)*

4. Jesus, der auf dem Berg verklärt worden ist

Liedstrophe   Maria, sei gegrüßt, 4. Str.

Schrifttext   Sechs Tage danach nahm Jesus Petrus, Jakobus und dessen Bruder Johannes beiseite und führte sie auf einen hohen Berg. Und er wurde vor ihren Augen verwandelt; sein Gesicht leuchtete wie die Sonne und seine Kleider wurden blendend weiß wie das Licht. Da erschienen plötzlich vor ihren Augen Mose und Elija und redeten mit Jesus. Und Petrus sagte zu ihm: Herr, es ist gut, dass wir hier sind. Wenn du willst, werde ich hier drei Hütten bauen, eine für dich, eine für Mose und eine für Elija. Noch während er redete, warf eine leuchtende Wolke ihren Schatten auf sie und aus der Wolke rief eine Stimme: Das ist mein geliebter Sohn, an dem ich Gefallen gefunden habe; auf ihn sollt ihr hören. *(Mt 17,1–5)*

Impuls   Solange wir auf Erden sind, wird unsere Beziehung zu Gott eher im Hören als im Schauen gelebt; und selbst die Betrachtung erfolgt sozusagen mit geschlossenen Augen durch das innere Licht, das das Wort Gottes in uns entzündet. Obwohl die Jungfrau Maria unter allen menschlichen Geschöpfen Gott am nächsten stand, ist auch sie Tag für Tag den Pilgerweg des Glaubens gegangen, indem sie das Wort, das Gott sowohl durch die Heilige Schrift als auch durch die Ereignisse im Leben Ihres Sohnes an sie richtet und in denen sie die geheimnisvolle Stimme des Herrn erkannte und in sich aufnahm, stets in ihrem Herzen bewahrte und darüber nachdachte. Das ist also das Geschenk und die Verpflichtung für jeden von uns: auf Christus hören wie Maria. Auf ihn hören in seinem Wort, das in der Heiligen Schrift verwahrt ist. Auf ihn hören auch in den

Ereignissen unseres Lebens und versuchen, darin die Botschaften der Vorsehung zu erkennen. Schließlich auch in den Brüdern und Schwestern auf ihn hören, vor allem in den Kleinen und in den Armen, in denen Jesus selbst konkret um unsere Liebe bittet. Auf Christus hören und seiner Stimme gehorchen: Das ist der Königsweg, der einzige, der zur Fülle der Freude und zur Liebe führt. *(Benedikt XVI.)*

5. Jesus, der uns die Eucharistie geschenkt hat

Liedstrophe Maria, sei gegrüßt, 5. Str.

Schrifttext Während des Mahls nahm Jesus das Brot und sprach den Lobpreis; dann brach er das Brot, reichte es den Jüngern und sagte: Nehmt und esst; das ist mein Leib. Dann nahm er den Kelch, sprach das Dankgebet und reichte ihn den Jüngern mit den Worten: Trinkt alle daraus; das ist mein Blut, das Blut des Bundes, das für viele vergossen wird zur Vergebung der Sünden. Ich sage euch: Von jetzt an werde ich nicht mehr von der Frucht des Weinstocks trinken bis zu dem Tag, an dem ich mit euch von neuem davon trinke im Reich meines Vaters. *(Mt 26,26–29)*

Impuls Betrachten wir das Geheimnis der Menschwerdung, mit dem das Geheimnis der Eucharistie zutiefst verbunden ist. In der Schule Marias, der „eucharistischen Frau", wie der Papst Johannes Paul II. sie so gerne nannte, nehmen wir durch das Wirken des Heiligen Geistes die lebendige Gegenwart Jesu in uns auf, um ihn in dienstbereiter Liebe zu allen Menschen zu bringen. Lernen wir, stets in Gemeinschaft mit dem gekreuzigten und auferstandenen Christus zu leben, und lassen wir uns hierbei von seiner und unserer himmlischen Mutter leiten. So wird unser Dasein, vom Wort und vom Brot des Lebens genährt, vollkommen eucharistisch und zur fortwährenden Danksagung an den Vater durch Christus im Heiligen Geist. *(Benedikt XVI.)*

Abschluss

Gebet Allmächtiger Gott, du hast dich uns im Licht deines Sohnes selbst zu erkennen gegeben als ein Gott, der die Menschen liebt. Lass uns vom Schauen zum Glauben kommen und vom Glauben zum Handeln, damit wir deine Liebe den Menschen weitergeben. Darum bitten wir durch Jesus Christus.

Segen und Entlassung

Lied GL 594,1.5 (Maria, dich lieben)

3
Der schmerzhafte Rosenkranz

1. Jesus, der für uns Blut geschwitzt hat
2. Jesus, der für uns gegeißelt worden ist
3. Jesus, der für uns mit Dornen gekrönt worden ist
4. Jesus, der für uns das schwere Kreuz getragen hat
5. Jesus, der für uns gekreuzigt worden ist

Eröffnung

Lied   Rosenkranzkönigin, 3. Str. (S. 17)

Andachtsteil   GL 783,6
bis „… die sich selbst nicht helfen können" und ab „Die Überlieferung der Christenheit sieht dich am Kreuzweg stehen…" *bis zum Schluss*

1. Jesus, der für uns Blut geschwitzt hat

Lied   GL 591,1 (Maria, sei gegrüßt)

Schrifttext   Dann verließ Jesus die Stadt und ging, wie er es gewohnt war, zum Ölberg; seine Jünger folgten ihm. Als er dort war, sagte er zu ihnen: Betet darum, dass ihr nicht in Versuchung geratet! Dann entfernte er sich von ihnen ungefähr einen Steinwurf weit, kniete nieder und betete: Vater, wenn du willst, nimm diesen Kelch von mir! Aber nicht mein, sondern dein Wille soll geschehen. Da erschien ihm ein Engel vom Himmel und gab ihm (neue) Kraft. Und er betete in seiner Angst noch inständiger und sein Schweiß war wie Blut, das auf die Erde tropfte. *(Lk 22,39–44)*

Impuls   Stunden großer Angst, ja Todesangst, gibt es in jedem Menschenleben. Solche kanntest sicher auch du, Maria – und Jesus, dein Sohn, am Abend vor seinem Leiden. In dieser Stunde war er allein – du warst nicht bei ihm, die Jünger schliefen. Im Hebräerbrief lesen wir „Als er auf Erden lebte, hat er mit lautem Schreien und unter Tränen Gebete und Bitten vor den gebracht, der ihn aus dem Tod retten konnte, und er ist erhört und aus seiner Angst befreit worden" *(Hebr 5,7)*; es war ein Engel, der ihn stärkte, seinen Weg zu gehen, so wie ein Engel auch am Anfang deiner Geschichte mit Jesus stand. Im entscheidenden Moment steht Gott bei den Seinen, dass sie ihrer Berufung entsprechen können.
Maria, mit dir beten wir für alle Menschen, die große Angst haben – vor dem Leben oder auch vor dem Sterben.

2. Jesus, der für uns gegeißelt worden ist

Lied   GL 591,2

Schrifttext   Nachdem Pilatus das gesagt hatte, ging er wieder zu den Juden hinaus und sagte zu ihnen: Ich finde keinen Grund, ihn zu verurteilen. Ihr seid gewohnt, dass ich euch am Paschafest einen Gefangenen freilasse. Wollt ihr also, dass ich euch den König der Juden freilasse? Da schrien sie wieder: Nicht diesen, sondern Barabbas! Barabbas aber war ein Straßenräuber. Darauf ließ Pilatus Jesus geißeln. *(Joh 18,38b – 19,1)*

Impuls   Im Bericht des Evangelisten Johannes spüren wir fast so etwas wie Sympathie des Pilatus für Jesus. Scheinbar hatte er zumindest kein besonderes Interesse, Jesus zum Tod zu verurteilen. So versucht er, Jesus freizubekommen. Aber die Menge ist dagegen, und so kommt Barabbas frei, während der eigentliche „Sohn des Vaters", so die Übersetzung des Namens Barabbas, dem Tod entgegengeht.

Wir wissen nicht, wo du in diesen Stunden warst, Maria. Da du aber unter dem Kreuz Jesu standest, liegt es nicht fern, zu vermuten, du wärest mit Jesus den ganzen Leidensweg gegangen – leiblich und seelisch. Vielleicht hast du gehofft, als Pilatus seinen Rettungsversuch startete – vielleicht hoffte sogar er, das Volk mit der Geißelung zu besänftigen und Jesus freilassen zu können.

Maria, mit dir beten wir jetzt für alle, die in unseren Tagen für ihr Tun und ihre Überzeugung Schläge einstecken müssen, dass sie sich Jesus in diesen Stunden besonders nahe wissen.

3. Jesus, der für uns mit Dornen gekrönt worden ist

Lied GL 591,3

Schrifttext Die Soldaten flochten einen Kranz aus Dornen; den setzten sie ihm auf und legten ihm einen purpurroten Mantel um. Sie stellten sich vor ihn hin und sagten: Heil dir, König der Juden! Und sie schlugen ihm ins Gesicht. *(Joh 19,2-3)*

Impuls Wir Menschen verstehen es oft recht gut, anderen Schmerz zu bereiten. Die Dornenkrone hat Jesus beständige Schmerzen beschert, weil die Dornen immer wieder durch die Haut eindrangen. Sie verletzten auch dich, Maria, wie wir es in vielen Bildern sehen, die dich mit rosenumwundenen Herzen zeigen. Die Blüten sind schön anzusehen, die Dornen jedoch verwunden dein Herz.

Maria, mit dir beten wir für alle, die anderen Menschen mit ihrem Tun und Reden Schmerzen und Wunden zufügen. Aber auch für alle, die wie du Schmerzen ertragen müssen.

4. Jesus, der für uns das schwere Kreuz getragen hat

Lied GL 591,4

Schrifttext Es war am Rüsttag des Paschafestes, ungefähr um die sechste Stunde. Pilatus sagte zu den Juden: Da ist euer König! Sie aber schrien: Weg mit ihm, kreuzige ihn! Pilatus aber sagte zu ihnen: Euren König soll ich kreuzigen? Die Hohenpriester antworteten: Wir haben keinen König außer dem Kaiser. Da lieferte er ihnen Jesus aus, damit er gekreuzigt würde. Sie übernahmen Jesus. Er trug sein Kreuz und ging hinaus zur sogenannten Schädelhöhe, die auf Hebräisch Golgota heißt. *(Joh 19,14–17)*

Impuls Wir wissen nicht, was auf dem Kreuzweg in der Seele Jesu vorging. Es ist oft verblüffend, welche Ruhe zum Tod Verurteilte vor ihrer Hinrichtung nach außen hin zeigen. Sind sie froh, dass nun bald alles vorbei ist? Wie aber ist es dir ergangen, Maria, als du deinen Sohn den Kreuzesbalken tragen sahst? Konntest du das auch annehmen? Oder zerriss es dir das Herz, Jesus dem Verbrechertod entgegengehen zu sehen?
Maria, wir wollen dieses Gesätz mit dir für alle beten, die auf den Tod zugehen, aber auch für die Menschen, die ein schweres Kreuz zu tragen haben.

5. Jesus, der für uns gekreuzigt worden ist

Lied GL 591,5

Schrifttext Dort kreuzigten sie ihn und mit ihm zwei andere, auf jeder Seite einen, in der Mitte Jesus. Pilatus ließ auch ein Schild anfertigen und oben am Kreuz befestigen; die Inschrift lautete: Jesus von Nazaret, der König der Juden. Bei dem Kreuz Jesu standen seine Mutter und die Schwester seiner Mutter, Maria, die Frau des Klopas, und Maria von Magdala. Als Jesus seine Mutter sah und bei ihr den Jünger, den er liebte, sagte er zu seiner Mutter: Frau, siehe, dein Sohn! Dann

	sagte er zu dem Jünger: Siehe, deine Mutter! Und von jener Stunde an nahm sie der Jünger zu sich. *(Joh 19,18 f.25 ff)*
Impuls	Nun, da Jesus am Kreuz hängt, sehen wir dich unter dem Kreuz stehen, Maria. Es war wohl die schwerste Stunde deines Lebens. Aber wenigstens nahe sein wolltest du deinem Sohn. Und du bekamst von ihm ein Wort, das die Kirche seit alter Zeit als Aufgabe für dich verstanden hat. Jeder Jünger, den Jesus liebt – also jeder Getaufte – soll dir, Mutter, ein Kind sein, wie umgekehrt auch du mit dem Wort Jesu jedem als Mutter ans Herz gelegt wurdest. Maria, mit dir beten wir für alle, die sich im Leiden einsam und alleingelassen erfahren, dass sie im Blick auf Jesus und auf dich Trost und Beistand erfahren.

Abschluss

Lied	Rosenkranzkönigin, 4. Str.
Schlussgebet	Allmächtiger und barmherziger Gott, wir haben das heilbringende Leiden und Sterben deines Sohnes, wodurch du uns neu geschaffen hast, betrachtet und danken dir dafür. Wir bitten dich auf die Fürsprache der seligen Jungfrau und Mutter Maria: Erhalte in uns das Werk deines Erbarmens durch Jesus Christus, deinen Sohn, unseren Bruder und Herrn.

Segen und Entlassung

Lied	GL 584 1.4–5 (Christi Mutter stand mit Schmerzen)

4
Der glorreiche Rosenkranz

1. Jesus, der von den Toten auferstanden ist
2. Jesus, der in den Himmel aufgefahren ist
3. Jesus, der uns den Heiligen Geist gesandt hat
4. Jesus, der dich, o Jungfrau, in den Himmel aufgenommen hat
5. Jesus, der dich, o Jungfrau, im Himmel gekrönt hat

Eröffnung

Lied   Rosenkranzkönigin, 5. Str. (S. 17)

Andachtsteil   GL 777,1

1. Jesus, der von den Toten auferstanden ist

Lied   GL 592,1 (Maria, sei gegrüßt)

Schrifttext   Am ersten Tag der Woche gingen die Frauen mit den wohlriechenden Salben, die sie zubereitet hatten, in aller Frühe zum Grab. Da sahen sie, dass der Stein vom Grab weggewälzt war; sie gingen hinein, aber den Leichnam Jesu, des Herrn, fanden sie nicht. Während sie ratlos dastanden, traten zwei Männer in leuchtenden Gewändern zu ihnen. Die Frauen erschraken und blickten zu Boden. Die Männer aber sagten zu ihnen: Was sucht ihr den Lebenden bei den Toten? Er ist nicht hier, sondern er ist auferstanden. Erinnert euch an das, was er euch gesagt hat, als er noch in Galiläa war: Der Menschensohn muss den Sündern ausgeliefert und gekreuzigt werden und am dritten Tag auferstehen. Da erinnerten sie sich an seine Worte. Und sie kehrten vom Grab in die Stadt zurück und berichteten alles den Elf und den anderen Jüngern. *(Lk 24,1–9)*

Impuls Maria, Frauen, die denselben Namen trugen wie du, machen sich auf den Weg zum Grab, um den Leichnam Jesu zu salben. Aber es kam ganz anders; sie finden das Grab leer vor, zwei himmlische Gestalten deuten ihnen das Zeichen: Der, den ihr bei den Toten sucht, lebt! Mit dieser Botschaft kehren sie in die Stadt zurück, aber man schenkt ihnen zunächst nur wenig Glauben. Auch in unserer Zeit hat es die Botschaft von der Auferstehung oft schwer; die Menschen hören sie wohl, aber glauben können sie ihr oft nicht. Trotzdem müssen wir daran festhalten, denn wie Paulus sagt: „Ist Christus nicht auferweckt worden, dann ist unsere Verkündigung leer und euer Glaube sinnlos."
Maria, mit dir wollen wir beten für alle Christen um einen festen Glauben an die Auferstehung Christi und der Toten.

2. Jesus, der in den Himmel aufgefahren ist

Lied GL 592,2

Schrifttext Er sagte zu ihnen: So steht es in der Schrift: Der Messias wird leiden und am dritten Tag von den Toten auferstehen, und in seinem Namen wird man allen Völkern, angefangen in Jerusalem, verkünden, sie sollen umkehren, damit ihre Sünden vergeben werden. Ihr seid Zeugen dafür. Und ich werde die Gabe, die mein Vater verheißen hat, zu euch herabsenden. Bleibt in der Stadt, bis ihr mit der Kraft aus der Höhe erfüllt werdet. Dann führte er sie hinaus in die Nähe von Betanien. Dort erhob er seine Hände und segnete sie. Und während er sie segnete, verließ er sie und wurde zum Himmel emporgehoben; sie aber fielen vor ihm nieder. Dann kehrten sie in großer Freude nach Jerusalem zurück. Und sie waren immer im Tempel und priesen Gott. *(Lk 24,46–53)*

Impuls   Maria, wieder berichten uns die Evangelisten nur von den Jüngern als Zeugen der Himmelfahrt Jesu. Aber ganz sicher warst auch du von derselben Freude erfüllt wie sie, als sie nach Jerusalem zurückkehrten, denn nun war wirklich alles endgültig zum Guten gewendet, das Heilswerk deines Sohnes zu Ende gebracht.
Mit dir, Maria, beten wir um tiefe Freude für alle, die auf Christus schauen und ihm folgen.

3. Jesus, der uns den Heiligen Geist gesandt hat

Lied   GL 592,3

Schrifttext   Ich werde den Vater bitten und er wird euch einen anderen Beistand geben, der für immer bei euch bleiben soll. Es ist der Geist der Wahrheit, den die Welt nicht empfangen kann, weil sie ihn nicht sieht und nicht kennt. Ihr aber kennt ihn, weil er bei euch bleibt und in euch sein wird ... Der Beistand aber, der Heilige Geist, den der Vater in meinem Namen senden wird, der wird euch alles lehren und euch an alles erinnern, was ich euch gesagt habe. *(Joh 14,16f.26)*

Impuls   Jesus hat uns einen „anderen Beistand" versprochen; für immer soll er bei uns bleiben, uns alles lehren und uns an alles erinnern, was er gesagt hat. Die Apostel sollten Jerusalem nicht verlassen, bevor Jesus diesen Beistand von oben gesandt hat.
Lukas erwähnt in der Apostelgeschichte, dass du in den Tagen zwischen der Himmelfahrt Jesu und dem Pfingstfest mit den Aposteln und den übrigen Jüngern und Frauen diese Gabe von oben erbeten hast. Wir vertrauen darauf, dass du auch heute unsere Fürsprecherin bist in unserem Gebet, Gott möge in unseren Tagen seinen Geist ausgießen in die Herzen der Menschen, damit sie seinen Willen erfüllen können.

4. Jesus, der dich, o Jungfrau, in den Himmel aufgenommen hat

Lied GL 592,4

Schrifttext Euer Herz lasse sich nicht verwirren. Glaubt an Gott und glaubt an mich! Im Haus meines Vaters gibt es viele Wohnungen. Wenn es nicht so wäre, hätte ich euch dann gesagt: Ich gehe, um einen Platz für euch vorzubereiten? Wenn ich gegangen bin und einen Platz für euch vorbereitet habe, komme ich wieder und werde euch zu mir holen, damit auch ihr dort seid, wo ich bin. *(Joh 14,1–3)*

Impuls Diese Verheißung hat Jesus, dein Sohn, zuerst an dir wahrgemacht, Maria. Denn dein „Leib, der den Urheber des Lebens geboren hat, sollte die Verwesung nicht schauen" betet die Kirche am Fest deiner Aufnahme in den Himmel *(Präfation)*. Unsere Hoffnung ist aber, dass uns allen die Erfüllung dieser Verheißung einmal zuteil wird.
Maria, mit dir beten wir, dass die Hoffnung auf das ewige Leben in den Herzen der Gläubigen nicht erlischt.

5. Jesus, der dich, o Jungfrau, im Himmel gekrönt hat

Lied GL 592,5

Schrifttext Ich habe den guten Kampf gekämpft, den Lauf vollendet, die Treue gehalten. Schon jetzt liegt für mich der Kranz der Gerechtigkeit bereit, den mir der Herr, der gerechte Richter, an jenem Tag geben wird, aber nicht nur mir, sondern allen, die sehnsüchtig auf sein Erscheinen warten. *(2 Tim 4,7f)*

Impuls Maria, mehr noch als Paulus hast du dein ganzes Leben lang den guten Kampf gekämpft, den Lauf vollendet, die Treue gehalten. Gewiss, Gott hat dir die besondere Gnade geschenkt, von Anfang an frei zu bleiben von der Sünde, weil du ausersehen warst, die Mutter seines Sohnes zu werden. Aber auch du musstest dich

immer wieder in Freiheit für Gott entscheiden. Der Lohn dieser Treue ist die Krone des ewigen Lebens, die Gott dir geschenkt hat, aber eben nicht nur dir, sondern auch vielen anderen. Und auch wir hoffen auf unsere Vollendung bei Gott.
Maria, mit dir beten wir für alle, die auf Erden treu bleiben im Glauben.

Abschluss

Lied   Rosenkranzkönigin, 6. Str.

Schlussgebet Guter Gott, durch die Auferstehung deines Sohnes hast du der ganzen Welt Freude geschenkt. In besonderer Weise hast du dich der Mutter deines Sohnes, Maria, angenommen; du hast sie nicht im Tod gelassen, sondern zu dir in die Herrlichkeit des Himmels aufgenommen. Wir bitten dich: Lass auch uns nach unserem Sterben bei dir Heimat finden in den ewigen Wohnungen, die Jesus Christus für uns bereitet hat, der unser Bruder ist und unser Herr.

Segen und Entlassung

Lied   Als strahlend helles Morgenrot (S. 143)

5
Der trostreiche Rosenkranz

1. Jesus, der als König herrscht
2. Jesus, der in seiner Kirche lebt und wirkt
3. Jesus, der wiederkommen wird in Herrlichkeit
4. Jesus, der richten wird die Lebenden und die Toten
5. Jesus, der alles vollenden wird

Vorbemerkung *Die trostreichen Geheimnisse unterscheiden sich von den althergebrachten Rosenkranzgeheimnissen durch den Blickwinkel: Schauen wir im freudenreichen, schmerzhaften und glorreichen Rosenkranz v.a. auf Ereignisse aus dem Leben Jesu zurück, so richtet sich unser Blick jetzt auf den erhöhten und am Ende der Zeiten wiederkommenden Christus. Diese Sichtweise ist aber eine für den Christen durchaus notwendige, haben wir doch von Christus die Verheißung, dass er wiederkommen wird, um uns dorthin zu holen, wohin er uns bereits vorausgegangen ist. In mancher Bedrängnis unseres Lebens als Christen soll uns das ein Trost sein.*

Eröffnung

Lied   GL 564,1.5 (Christus Sieger, Christus König)

Andachtsteil   GL 781,8
ab „Lasst uns Jesus Christus anbeten"

1. Jesus, der als König herrscht

Lied GL 551,1 (Schönster Herr Jesu)

Schrifttext Pilatus ging wieder in das Prätorium hinein, ließ Jesus rufen und fragte ihn: Bist du der König der Juden? Jesus antwortete: Sagst du das von dir aus, oder haben es dir andere über mich gesagt? Pilatus entgegnete: Bin ich denn ein Jude? Dein eigenes Volk und die Hohenpriester haben dich an mich ausgeliefert. Was hast du getan? Jesus antwortete: Mein Königtum ist nicht von dieser Welt. Wenn es von dieser Welt wäre, würden meine Leute kämpfen, damit ich den Juden nicht ausgeliefert würde. Aber mein Königtum ist nicht von hier. Pilatus sagte zu ihm: Also bist du doch ein König? Jesus antwortete: Du sagst es, ich bin ein König. Ich bin dazu geboren und dazu in die Welt gekommen, dass ich für die Wahrheit Zeugnis ablege. Jeder, der aus der Wahrheit ist, hört auf meine Stimme. *(Joh 18,33–37)*

Impuls Für die Menschen damals – und nicht nur damals – war es wohl nur schwer verständlich, dass einer mit Ernst von sich behauptet, er sei ein König, und dann diesen Weg ans Kreuz geht. Aber Jesus – erst recht der auferstandene und erhöhte Herr – hat eine Botschaft für unsere Welt, die auch diejenigen Menschen, die bereit sind, sie zu hören, zu Königen macht und sie beruft, Zeugen der Wahrheit zu sein.
Beten wir für alle, die den Christennamen tragen, dass sie sich ihrer königlichen Würde bewusst werden.

2. Jesus, der in seiner Kirche lebt und wirkt

Lied GL 249,4 (Der Geist des Herrn)

Schrifttext Jesus sagte zu seinen Jüngern: „Mir ist alle Macht gegeben im Himmel und auf der Erde. Darum geht zu allen Völkern und macht alle Menschen zu meinen Jüngern; tauft sie auf den Namen des Vaters und des Sohnes und des Heiligen Geistes, und lehrt sie, alles zu befolgen, was ich euch geboten habe. Seid gewiss: Ich bin bei euch alle Tage bis zum Ende der Welt." *(Mt 28,18-20)*

Impuls „Saul, Saul, warum verfolgst du mich?", fragt die Stimme den vom Pferd Gestürzten, und auf die Frage, wer er sei, erhält Paulus die Antwort: „Ich bin Jesus, den du verfolgst." *(Apg 9,5)*. Der erhöhte Herr solidarisiert sich also mit seiner Kirche, in den Christen ist Christus gegenwärtig. Und umgekehrt: Die Christen empfangen ihre Kraft zum Aufbau des Reiches Gottes nicht aus sich selber, sondern von ihrem erhöhten Herrn. Je mehr wir als Christen mit Christus eins werden, umso mehr wird er durch uns erkennbar und erfahrbar.
Beten wir für die verschiedenen christlichen Kirchen, dass durch ihr Leben und Wirken Christus für die Menschen erfahrbar wird.

3. Jesus, der wiederkommen wird in Herrlichkeit

Lied GL 567,1-2.5 (Der Herr bricht ein um Mitternacht)

Schrifttext Es werden Zeichen sichtbar werden an Sonne, Mond und Sternen, und auf der Erde werden die Völker bestürzt und ratlos sein über das Toben und Donnern des Meeres. Dann wird man den Menschensohn mit großer Macht und Herrlichkeit auf einer Wolke kommen sehen. Wenn (all) das beginnt, dann richtet euch auf, und erhebt eure Häupter; denn eure Erlösung ist nahe. *(Lk 21,25.27-28)*

Impuls „Ihr Männer von Galiläa, was steht ihr da und schaut zum Himmel empor? Dieser Jesus, der von euch ging und in den Himmel aufgenommen wurde, wird ebenso wiederkommen, wie ihr ihn habt zum Himmel hingehen sehen" *(Apg 1,11)*, sagen die Männer in weißen Gewändern den Aposteln nach der Himmelfahrt Jesu. Der Glaube an die Wiederkunft Jesu Christi am Ende der Zeiten war für die frühe Kirche ganz sicher, ihr blickten sie zum einen freudig entgegen mit dem Ruf „Marana tha!" – „Komm, Herr!" oder mit Worten der Offenbarung „Amen. Komm, Herr Jesus!" Die Wiederkunft Christi in Herrlichkeit stellt uns aber auch vor die Frage, ob wir vor dem Herrn bestehen können. Beten wir, dass alle Getauften sich für den „Tag des Herrn" bereithalten.

4. Jesus, der richten wird die Lebenden und die Toten

Lied GL 565,1–2 (Komm, Herr Jesus, komm)

Schrifttext Wenn der Menschensohn in seiner Herrlichkeit kommt und alle Engel mit ihm, dann wird er sich auf den Thron seiner Herrlichkeit setzen. Und alle Völker werden vor ihm zusammengerufen werden und er wird sie voneinander scheiden, wie der Hirt die Schafe von den Böcken scheidet. *(Mt 25,31–32)*

Impuls Das Matthäusevangelium schildert uns in einem einprägsamen Bild das Kommen des Menschensohnes zum Gericht: Die Plätze rechts und links von ihm bemessen sich danach, wie die Menschen mit den geringsten ihrer Brüder und Schwestern umgegangen sind. Daraus wird deutlich: An deinem Verhalten gegenüber dem bedürftigen Menschen neben dir entscheiden sich Rettung oder Verwerfung.
Wie verhält sich dazu das Jesuswort, das uns Johannes überliefert: „Wer an ihn (den Menschensohn) glaubt, wird nicht gerichtet; wer nicht glaubt, ist schon gerichtet, weil er an den Namen des einzigen Sohnes Gottes nicht geglaubt hat" *(Joh 3,18)*?
Eine Antwort darauf ist wohl im Jakobusbrief zu finden: „Nun könnte einer sagen: Du hast Glauben und ich kann Werke vorweisen; zeig mir deinen Glauben ohne die Werke und ich zeige dir meinen Glauben aufgrund der Werke." *(Jak 2,18)*

5. Jesus, der alles vollenden wird

Lied GL 560,1–3 (Gelobt seist du, Herr Jesu Christ)

Schrifttext Es gibt aber eine bestimmte Reihenfolge: Erster ist Christus; dann folgen, wenn Christus kommt, alle, die zu ihm gehören. Danach kommt das Ende, wenn er jede Macht, Gewalt und Kraft vernichtet hat und seine Herrschaft Gott, dem Vater, übergibt. Denn er muss herrschen, bis Gott ihm alle Feinde unter die Füße gelegt hat. Der letzte Feind, der entmachtet wird, ist der Tod. Sonst hätte er ihm nicht alles zu Füßen gelegt. Wenn es aber heißt, alles sei unterworfen, ist offenbar der ausgenommen, der ihm alles unterwirft. Wenn ihm dann alles unterworfen ist, wird auch er, der Sohn, sich dem unterwerfen, der ihm alles unterworfen hat, damit Gott herrscht über alles und in allem.

(1 Kor 15,23–28)

Impuls Jetzt stehen wir noch in der Zeit und können unser und der Menschen Heil wirken. Aber es kommt der Tag, an dem diese Welt und mit ihr die Zeit in Gottes Ewigkeit mündet. Dann wird alle Welt, um Christus geschart, bei Gott angekommen sein zum Letzten oder – wie wir sagen – Jüngsten Gericht. Alle, die treu standgehalten haben und gerettet sind, werden dann einstimmen in den Jubelgesang der Heiligen im Himmel.
Beten wir für alle Christen um Treue im Glauben bis zum Ende.

Abschluss

Wechselgebet GL 783,7
ab „Der Apostel bittet für uns" mit Oration

Segen und Entlassung

Lied GL 586,3 (Gruß dir, Mutter)

oder

Aussetzung mit Eucharistischem Segen

Zur Übertragung
        GL 544,1–2.5 (Das Geheimnis lasst uns künden)

Anbetung   GL 781,1

Lied   GL 542 (Sakrament der Liebe Gottes)

Oration und Eucharistischer Segen

Lied   GL 551,5 (Schönster Herr Jesu)

Erhebt in vollen Chören

1. Er-hebt in vol-len Chö-ren Ma-ri-a, singt ihr Lob; Refr.: O hei-li-ge Ma-ri-a, hei-li-ge Ma-ri-a, un-ser Trost, uns-re Freud, sei ge-lobt in E-wig-keit.

ver-eint euch, sie zu eh-ren, die Gott so hoch er-hob.

2. Du bist's, die Gott erkoren / zum Heil in Israel;
du bist's, die uns geboren / den Gott Immanuel.
Heilige Maria ...

3. Hilf uns in allen Leiden, / schütz uns in Angst und Not;
erbitte, wann wir scheiden, / uns einen selgen Tod.
Heilige Maria ...

T: Clemens und Hogen, Düsseldorf 1798
M: nach Martin von Cochem 1712

Jesus, der allezeit bei uns ist

Rosenkranzandachten
im Kirchenjahr

6
Rosenkranzandachten nach den O-Antiphonen

17. Dezember
  Jesus, der Gottes Kraft und Weisheit ist
18. Dezember
  Jesus, der unser Herr und Meister ist
19. Dezember
  Jesus, der als Spross aus Isais Wurzel wächst
20. Dezember
  Jesus, der uns die Tür zum Vater aufschließt
21. Dezember
  Jesus, der uns als Sonne der Gerechtigkeit aufgeht
22. Dezember
  Jesus, dessen Herrschaft wir ersehnen
23. Dezember
  Jesus, in dem Gott mit uns ist

Vorbemerkung *Die adventliche Liturgie bringt eine Fülle von Texten aus dem Alten Testament, um sich dem Geheimnis der Menschwerdung des Sohnes Gottes zu nähern. An den Tagen vom 17. bis 23. Dezember begleiten uns die O-Antiphonen – alttestamentliche Bilder, in denen etwas vom Geheimnis Christi aufleuchtet. Sie lassen sich auch als Rosenkranzgesätze meditieren, die in eine tägliche kleine Andacht eingebaut werden, deren Rahmen stets gleich sein kann.*

Eröffnung

Lied GL 112,1 (Herr, send herab uns deinen Sohn)
auch zu singen nach der Melodie GL 105

Gebet Ewiger Gott, deine Gnade geht unserem Bemühen immer voraus, sie begleite uns auch in diesen Tagen. Lass uns mit großer Sehnsucht das Kommen deines Sohnes erwarten. Er sei uns Hilfe in unserem Leben und führe uns zur Vollendung. Darum bitten wir durch ihn, Jesus Christus, unseren Bruder und Herrn, der in der Einheit des Heiligen Geistes mit dir lebt als Gott in Ewigkeit.

Antiphon und Schriftwort
 vom jeweiligen Tag (GL 772)

Rosenkranzgebet

Gesätz *vom jeweiligen Tag*

Liedstrophe *entsprechend aus* GL 112

Bittgebet *des jeweiligen Andachtsabschnittes* GL 772

Liedstrophe GL 112,9

Abschluss

Schlussgebet und Segen
 GL 772,8

Lied GL 581 (Ave Maria klare) *oder*
GL 582 (O Maria, sei gegrüßt) *oder*
GL 583 (Ave Maria zart)

7
Rosenkranzandacht in der Weihnachtszeit

1. Jesus, der uns als helles Licht erschien
2. Jesus, der uns zur Freude geboren ist
3. Jesus, der allen Menschen begegnen will
4. Jesus, der uns zu Kindern Gottes macht
5. Jesus, der uns erlösen will

Eröffnung

Lied   GL 130,1–3 (Gelobet seist du, Jesu Christ)

Einführung   „Den aller Welt Kreis nie beschloss, der liegt in Marien Schoß." Dieses Wort ist auch ein Bild für das Rosenkranzgebet: Gekleidet in den Gruß an Maria liegen die Christusgeheimnisse, über die uns der Rosenkranz nachzusinnen einlädt. Wir wollen dabei den weihnachtlichen Texten, die wir schon so oft gehört haben, tiefer nachspüren und uns mit Maria unserem Heiland zuwenden, der ein kleines Kind wurde und doch der ewige Gott ist.

Mariengruß   GL 773,3

1. Jesus, der uns als helles Licht erschien

Schrifttext   Das Volk, das im Dunkel lebt, sieht ein helles Licht; über denen, die im Land der Finsternis wohnen, strahlt ein Licht auf. Denn uns ist ein Kind geboren, ein Sohn ist uns geschenkt. Die Herrschaft liegt auf seiner Schulter; man nennt ihn: Wunderbarer Ratgeber, Starker Gott, Vater in Ewigkeit, Fürst des Friedens. Seine Herrschaft ist groß, und der Friede hat kein Ende.

Auf dem Thron Davids herrscht er über sein Reich; er festigt und stützt es durch Recht und Gerechtigkeit, jetzt und für alle Zeiten. Der leidenschaftliche Eifer des Herrn der Heere wird das vollbringen. *(Jes 9,1.5–6)*

Impuls Bis auf den heutigen Tag ist die Geburt eines Kindes Anlass zu Freude und festlicher Feier – um wie viel mehr die Geburt des göttlichen Kindes, vom Propheten Jesaja verheißen, in Jesus Christus erfüllt. Die Welt damals hat freilich kaum Notiz genommen von der Geburt Christi, und auch heute bekennt sich nur etwa ein Fünftel der Menschheit zur christlichen Botschaft. Wo sich jedoch Menschen auf Jesus einlassen, da wird er durch sein Wort für sie zur Quelle des Rates und der Kraft und zum Begründer des Friedens zwischen Gott und den Menschen.
Beten wir dieses Gesätz für alle Menschen, in deren Seele es dunkel ist, dass sie in Jesus Christus, dem Menschgewordenen, das Licht ihres Lebens erkennen und sich zu ihm bekennen.

Gesätz Jesus, der uns als helles Licht erschien

Lied GL 130,4

2. Jesus, der uns zur Freude geboren ist

Schrifttext In jener Gegend lagerten Hirten auf freiem Feld und hielten Nachtwache bei ihrer Herde. Da trat der Engel des Herrn zu ihnen, und der Glanz des Herrn umstrahlte sie. Sie fürchteten sich sehr, der Engel aber sagte zu ihnen: Fürchtet euch nicht, denn ich verkünde euch eine große Freude, die dem ganzen Volk zuteil werden soll: Heute ist euch in der Stadt Davids der Retter geboren; er ist der Messias, der Herr. Und plötzlich war bei dem Engel ein großes himmlisches Heer, das Gott lobte und sprach: Verherrlicht ist Gott in der Höhe, und auf Erden ist Friede bei den Menschen seiner Gnade. *(Lk 2,8–11.13–14)*

Impuls	Auch eine Freudenbotschaft kann den Menschen zunächst Furcht einflößen; zu gewaltig ist das Erlebte für die Hirten auf den Feldern von Betlehem. Es braucht das deutende Wort des Engels: „Ich verkünde euch eine große Freude" – euch und allem Volk soll sie zuteil werden: der Retter ist geboren, der, auf den Israel so lange schon gewartet hat, ist da! Die Menschen erfassen es noch nicht, aber die Engel stimmen das Lob Gottes an und sagen uns Gottes Frieden an, wenn wir seine Gnade nur annehmen. Beten wir dieses Gesätz für alle, denen es schwerfällt, die Freudenbotschaft anzunehmen, die gerade zu Weihnachten an ihrer Einsamkeit leiden, dass sie bereit sind, sich der Botschaft der Engel zu öffnen.
Gesätz	Jesus, der uns zur Freude geboren ist
Lied	GL 138,3.7 (Es kam ein Engel)

3. Jesus, der allen Menschen begegnen will

Schrifttext	Als die Sterndeuter den Stern sahen, wurden sie von sehr großer Freude erfüllt. Sie gingen in das Haus und sahen das Kind und Maria, seine Mutter; da fielen sie nieder und huldigten ihm. Dann holten sie ihre Schätze hervor und brachten ihm Gold, Weihrauch und Myrrhe als Gaben dar. *(Mt 2,10f)*
Impuls	Weder die von König Herodes befragten Schriftgelehrten noch er selber haben die Botschaft richtig gehört. Sie blieben bei ihre Bücherweisheit und bei ihrer Angst stehen. Die missachteten Hirten und die Sterndeuter aus der Ferne gehen weiter, sie finden zum Kind und werden von tiefer Freude erfüllt. Was nach dem Wort des Apostels Paulus im Sterben Jesu vollendet wird: dass er die trennende Wand der Feindschaft zwischen Juden und Heiden niederriss, kündigt sich im Kommen der Hirten und der Sterndeuter zum Kind von Betlehem bereits an. Die Freude, die sie erfüllt,

	schenkt ihnen wohl auch einen tiefen Frieden. Beten wir dieses Gesätz für alle Gottsucher unserer Tage.
Gesätz	Jesus, der allen Menschen begegnen will
Lied	GL 139,2.4 (Hört, es singt und klingt)

4. Jesus, der uns zu Kinder Gottes macht

Schrifttext	Als aber die Zeit erfüllt war, sandte Gott seinen Sohn, geboren von einer Frau und dem Gesetz unterstellt, damit er die freikaufe, die unter dem Gesetz stehen, und damit wir die Sohnschaft erlangen. Weil ihr aber Söhne seid, sandte Gott den Geist seines Sohnes in unser Herz, den Geist, der ruft: Abba, Vater. Daher bist du nicht mehr Sklave, sondern Sohn; bist du aber Sohn, dann auch Erbe, Erbe durch Gott. *(Gal 4,4–7)*
Impuls	Gewiss kann ein Gesetzeswerk eine große Erleichterung für das Zusammenleben der Menschen sein. Auch Christus, der von Maria Geborene, unterstellt sich dem Gesetz, um es, wie er selber sagt, zu erfüllen *(vgl. Mt 5,17)*, seinen eigentlichen Sinn wieder aufzuzeigen. Jesus aber bringt uns mehr als das Gesetz: Er macht uns zu Söhnen und Töchtern Gottes. Als solche sollen wir aber auch wirklich leben, einer des anderen Last tragen und so Christi Gesetz erfüllen *(vgl. Gal 6,2)* – nicht aus Furcht vor Strafe, sondern aus Liebe. Beten wir dieses Gesätz für alle, die sich schwer tun, den Willen Gottes in der liebenden Freiheit der Kinder Gottes zu tun.
Gesätz	Jesus, der uns zu Kindern Gottes macht
Lied	GL 130,5

5. Jesus, der uns erlösen will

Schrifttext Denn die Gnade Gottes ist erschienen, um alle Menschen zu retten. Sie erzieht uns dazu, uns von der Gottlosigkeit und den irdischen Begierden loszusagen und besonnen, gerecht und fromm in dieser Welt zu leben, während wir auf die selige Erfüllung unserer Hoffnung warten: auf das Erscheinen der Herrlichkeit unseres großen Gottes und Retters Christus Jesus. Er hat sich für uns hingegeben, um uns von aller Schuld zu erlösen und sich ein reines Volk zu schaffen, das ihm als sein besonderes Eigentum gehört und voll Eifer danach strebt, das Gute zu tun. *(Tit 2,11–14)*

Impuls Auch in meinem Leben gibt es Abgründe, dunkle Flecken, „Gottlosigkeiten", das heißt, Gott spielt keine wirkliche Rolle in meinem Leben – vor allem nicht im Alltag. Verhaltensweisen, vielfältige Süchte und Begierden beherrschen mich und trennen mich von Gott. Mich von all dem zu erlösen, ist Jesus Christus auf die Erde gekommen. Seine Hingabe beginnt mit seiner Menschwerdung und gipfelt in seinem Kreuzestod.
Beten wir dieses Gesätz für alle Menschen, die Sklaven ihrer Begierden und Gottlosigkeiten sind.

Gesätz Jesus, der uns erlösen will

Lied GL 144,5 (Jauchzet, ihr Himmel)

Abschluss

Wir haben mit Maria das Geheimnis der Geburt ihres Sohnes, unseres Herrn und Bruders Jesus Christus, betrachtet. So wollen wir uns noch einmal an sie wenden, dass sie uns zu ihm führe und uns stärkt.

Mariengebet GL 783,9
ab „Heilige Maria ..." *bis* „Wiedergeburt der Menschen in Christus"

Schlussgebet   Guter Gott, die Geburt deines Sohnes aus der Jungfrau Maria ist ein wunderbares Geheimnis, das uns mit großer Freude erfüllt. Lass uns auf ihre Fürsprache dieses Geheimnis immer tiefer erfassen, damit dein Sohn auch in uns geboren wird und der Welt seinen Segen schenkt. Darum bitte wir durch ihn, Jesus Christus, unseren Bruder und Herrn.

Lied   GL 132 (Es ist ein Ros entsprungen*) oder*
GL 137 (Tag an Glanz und Freuden groß)

8
Rosenkranzandacht zum Kreuzweg des Herrn

1. Jesus, der von Pilatus verurteilt worden ist
2. Jesus, der das schwere Kreuz auf sich genommen hat
3. Jesus, der unter dem Kreuz gefallen ist
4. Jesus, der dir auf seinem Leidensweg begegnet ist
5. Jesus, dem Simon von Zyrene das Kreuz tragen half
6. Jesus, dem seine Kleider abgenommen wurden
7. Jesus, der ans Kreuz genagelt wurde
8. Jesus, der am Kreuz gestorben ist.
9. Jesus, der tot in deinem Schoße lag
10. Jesus, der ins Grab gelegt wurde

Vorbemerkung *In seiner Eigenschaft als betrachtendes Gebet, das Ereignisse aus dem Leben Jesu in wiederkehrender Weise meditiert, hat der Rosenkranz eine Nähe zum Gebet in der orthodoxen Frömmigkeit und Liturgie: Nicht nur das so genannte Herzensgebet, auch die gottesdienstlichen Hymnen sind ein Kreisen und immer wieder neues Meditieren. Im Zusammenhang des Leidens und Sterbens Christi stellen sie besonders das paradoxe Geschehen heraus, das sich letztlich nur dem Glaubenden erschließt. Der folgende Kreuzweg-Rosenkranz will in ähnlicher Weise das unbegreifliche Geschehen meditieren. Beigefügt sind den einzelnen Gesätzen, die nach dem herkömmlichen Kreuzweg formuliert sind (in zehn Stationen, die sich auch in zweimal fünf Rosenkränze aufteilen lassen), ausgewählte byzantinische Hymnen aus den letzten Tagen der so genannten Großen und Heiligen Woche (Karwoche).*

Lied zum Kreuzweg-Rosenkranz

1. Maria, sei gegrüßt
mit deinem lieben Sohn.
Der uns einst richten wird,
steht jetzt vor dem Gericht,
weil er die Wahrheit spricht.
Bitt Gott für uns, Maria.

2. Maria, sei gegrüßt
mit deinem lieben Sohn.
Er nimmt das Kreuzesholz,
und unsre Sünden all
trägt er in großer Qual.
Bitt Gott für uns, Maria.

3. Maria, sei gegrüßt
mit deinem lieben Sohn.
Uns Menschen zu erhöhn,
macht er sich selbst ganz klein,
fällt in den Staub hinein.
Bitt Gott für uns, Maria.

4. Maria, sei gegrüßt
mit deinem lieben Sohn.
Den du am Wege schaust,
er bleibt dein Sohn und Gott –
am Kreuz und auch im Tod.
Bitt Gott für uns, Maria.

5. Maria, sei gegrüßt
mit deinem lieben Sohn.
Der unsres Lebens Last
und Mühsal auf sich nahm,
nimmt selbst jetzt Hilfe an.
Bitt Gott für uns, Maria.

6. Maria, sei gegrüßt
mit deinem lieben Sohn.
Der sich mit Licht umhüllt
und trägt der Sterne Kleid:
Nackt steht er da im Leid.
Bitt Gott für uns, Maria.

7. Maria, sei gegrüßt
mit deinem lieben Sohn.
Ans Kreuz geheftet wird,
der einst mit seiner Hand
die Himmel ausgespannt.
Bitt Gott für uns, Maria.

8. Maria, sei gegrüßt
mit deinem lieben Sohn.
Der sterbend an dem Kreuz
dem Tod nicht unterliegt,
im Tod den Tod besiegt.
Bitt Gott für uns, Maria.

9. Maria, sei gegrüßt
mit deinem lieben Sohn.
Der deinen heilgen Schoß
sich einst zum Throne nahm,
liegt tot in deinem Arm.
Bitt Gott für uns, Maria.

10. Maria, sei gegrüßt
mit deinem lieben Sohn.
Das Licht der ganzen Welt,
der ihr das Leben gab,
ruht jetzt im dunklen Grab.
Bitt Gott für uns, Maria.

T: Hans-Dieter Fischer (nach GL 590)
M: zu singen nach GL 590

1. Jesus wird zum Tod verurteilt

Der Richter aller kommt, zum Gericht sich führen zu lassen, er, der auf dem Thron der Cherubim sitzt, um wie ein Verbrecher vor Pilatus zu stehn, zur Rettung Adams alles zu erdulden.

Gesätz Jesus, der von Pilatus verurteilt worden ist.

Liedstrophe Maria, sei gegrüßt, 1. Str. (S. 53)

2. Jesus nimmt das Kreuz auf seine Schultern

Wie ein Schaf wardst du zur Schlachtbank geführt, Christus, König, und angenagelt ans Kreuz wie ein Lamm ohne Fehl von den gesetzlosen Menschen ob unsrer Sünden, Menschenfreund.

Gesätz Jesus, der das schwere Kreuz auf sich genommen hat.

Liedstrophe Maria, sei gegrüßt, 2. Str.

3. Jesus fällt unter dem Kreuz

O Christus, gnädiger Herr, durch Erbarmen bewogen, gehst du freiwillig zu leiden, um uns von den Leidenschaften zu erlösen, von der Verdammung zur Hölle. Darum preisen wir deine heiligen Leiden und deine allheilige Herablassung, Heiland.

Gesätz Jesus, der unter dem Kreuz gefallen ist.

Liedstrophe Maria, sei gegrüßt, 3. Str.

4. Jesus begegnet seiner Mutter

>Wohlan, lasst uns alle ihn in Hymnen besingen, der aus Liebe zu uns sich kreuzigen ließ. Denn ihn schaute Maria am Holze und sprach: Auch wenn du das Kreuz erduldest, du bist mein Sohn und mein Gott.

Gesätz   Jesus, der dir auf seinem Leidensweg begegnet ist

Liedstrophe   Maria, sei gegrüßt, 4. Str.

5. Simon von Zyrene hilft Jesus das Kreuz tragen

>Als man dich zum Kreuze schleppte, Herr, hast du also gerufen: Warum wollt ihr mich kreuzigen, Juden? Weil ich eure Gelähmten geheilt? Weil ich die Toten wie vom Schlafe erweckte? Weil ich das blutflüssige Weib heilte? Der Kanaanäerin mich erbarmte? Warum wollt ihr mich töten, ihr Juden? Wohlan, schaut auf Christus, ihr Sünder, den ihr durchbohrt.

Gesätz   Jesus, dem Simon von Zyrene das Kreuz tragen half

Liedstrophe   Maria, sei gegrüßt, 5. Str.

6. Jesus wird seiner Kleider beraubt

>Der mit Licht wie mit einem Gewand sich umkleidet, nackt trat er hin zum Gericht. Schläge erhielt er ins Antlitz von Handen, die er gebildet. Und das gesetzlose Volk schlug den Herrn der Herrlichkeit ans Kreuz. Da zerriss des Tempels Vorhang. Dunkel war die Sonne; Sie konnte es nicht tragen, Gott geschändet zu schauen, vor dem das All erzittert. Ihn lasst uns verehren.

Gesätz   Jesus, dem seine Kleider abgenommen worden sind

Liedstrophe   Maria, sei gegrüßt, 6. Str.

7. Jesus wird an das Kreuz genagelt

Heute hängt am Kreuz, der die Erde auf den Wassern schweben lässt. Mit einem Kranz aus Dornen wird der König der Engel umwunden. Zum Spott wird mit einem Purpur umhüllt, der den Himmel umhüllet mit Wolken. Schläge erhält, der im Jordan den Adam befreite. Mit Nägeln ward der Sohn der Jungfrau durchbohrt. Wir verehren, Christus, deine Leiden. Zeige uns auch deine glorreiche Auferstehung.

Gesätz   Jesus, der an das Kreuz genagelt wurde

Liedstrophe   Maria, sei gegrüßt, 7. Str.

8. Jesus stirbt am Kreuz

Da du hinabstiegst zum Tode, du, das unsterbliche Leben, da hast du den Hades getötet mit dem Blitz der Gottheit. Als du auch die Toten aus der Unterwelt zum Leben erweckt, da riefen alle himmlischen Mächte: Lebensspender, Christus, unser Gott, Ehre sei dir.

Gesätz   Jesus, der am Kreuz gestorben ist

Liedstrophe   Maria, sei gegrüßt, 8. Str.

9. Jesus wird vom Kreuz abgenommen und in den Schoß seiner Mutter gelegt.

Du trägst den, der alles trägt, und hältst in Händen als Kind den, der uns aus der Hand des feindlichen Widersachers, Herrin, Makellose, befreite. Und du siehst ihn, am Holze des Kreuzes erhöht, der uns aus der Bosheit Tiefe erhöhte.

Gesätz   Jesus, der tot in deinem Schoße lag

Liedstrophe   Maria, sei gegrüßt, 9. Str.

10. Der heilige Leichnam Jesu wird in das Grab gelegt

Nach dem Gesetze der Sterblichen erhält der, der aller Leben ist, die Ruhe im Grab. Als der Auferstehung Quelle zeigt man ihn zu unserm Heil, und wir singen: Befreier, Gott, gepriesen bist du.

Gesätz Jesus, der in das Grab gelegt wurde

Liedstrophe Maria, sei gegrüßt, 10. Str.

9
Rosenkranzandacht in der Osterzeit

1. Jesus, der sagt: Ich bin der wahre Weinstock
2. Jesus, der uns sein Wort anvertraut hat
3. Jesus, der uns aufträgt, seine Gebote zu halten
4. Jesus, der uns geboten hat, einander zu lieben
5. Jesus, der uns erwählt hat, Frucht zu bringen

Eröffnung

Lied GL 573,1–2 (Gegrüßet seist du, Königin) *oder* Maria Maienkönigin

Einführung In den Wochen nach dem Osterfest – kurz vor der Himmelfahrt des Herrn – wird aus den Abschiedsreden Jesu im Abendmahlssaal gelesen. Dann kommt auch jenes Bild vom Weinstock und den Reben zu Gehör, das auf die Beziehung zwischen Jesus und seinen Jüngern hindeutet. Mit diesem Bild will uns Jesus zeigen, wie wichtig es ist, aus der Liebe zu ihm und seinem Wort zu leben. Wir wollen es heute auch hören und meditieren. Von Maria sagte das letzte Konzil an einer Stelle, dass sie, als die selige Gottesgebärerin, durch ein unzerreißbares Band mit dem Heilswerk ihres Sohnes verbunden sei. Sie lebte ganz aus der Beziehung zu ihrem Sohn und konnte so auch reiche Frucht bringen. Sie wollen wir um ihre Fürsprache bitten, mit ihr zusammen den dreifaltigen Gott preisen.

Lobpreis GL 781 (Eröffnungsruf)

Lied GL 573,3 (Gegrüßet seist du, Königin)

1. Jesus, der sagt: Ich bin der wahre Weinstock

Schrifttext Jesus sagt: „Ich bin der wahre Weinstock und mein Vater ist der Winzer. Jede Rebe an mir, die keine Frucht bringt, schneidet er ab und jede Rebe, die Frucht bringt, reinigt er, damit sie mehr Frucht bringt. Ihr seid schon rein durch das Wort, das ich zu euch gesagt habe. Bleibt in mir, dann bleibe ich in euch. Wie die Rebe aus sich keine Frucht bringen kann, sondern nur, wenn sie am Weinstock bleibt, so könnt auch ihr keine Frucht bringen, wenn ihr nicht in mir bleibt." *(Joh 15,1–4)*

Impuls Jesus wählte verschiedene Bilder, um sich und seine Beziehung zu den Menschen zu verdeutlichen. In diesem Bild des Weinstocks und der Reben geht es um den Austausch, um die Kraft, die wir aus ihm beziehen. Die Reben sind die Zweige am Weinstock, die wiederum die Trauben und Beeren hervorbringen. Eine abgeschnittene Rebe kann keine Kraft aus dem Stock mehr erhalten und keine Frucht bringen. So ist auch ein fruchtbares christliches Leben nur aus einer wirklichen Beziehung zu Christus möglich, die vor allem im Gebet besteht. – Maria stand nicht nur als Mutter zu ihrem Sohn in einer engen Beziehung; wir sehen sie auch als Betende: nach seinem Tod und seiner Auferstehung und Himmelfahrt war sie im Gebet mit dem Aposteln versammelt.

Gesätz Jesus, der sagt: Ich bin der wahre Weinstock

Lied GL 554,3 (Wie schön leuchtet der Morgenstern)

2. Jesus, der uns sein Wort anvertraut hat

Schrifttext Jesus sagt: „Ich bin der Weinstock, ihr seid die Reben. Wer in mir bleibt und in wem ich bleibe, der bringt reiche Frucht; denn getrennt von mir könnt ihr nichts vollbringen. Wer nicht in mir bleibt, wird wie die Rebe weggeworfen und er verdorrt. Man sammelt die Reben, wirft sie ins Feuer und sie verbrennen. Wenn ihr in mir bleibt und wenn meine Worte in euch bleiben, dann bittet um alles, was ihr wollt: Ihr werdet es erhalten. Mein Vater wird dadurch verherrlicht, dass ihr reiche Frucht bringt und meine Jünger werdet." *(Joh 15,5–8)*

Impuls Das Bildwort vom Weinstock sagt uns: Nur in der Gemeinschaft kann etwas gelingen. Die Gemeinschaft mit Jesus und untereinander befähigt uns, zu vollbringen, was er will. Wir bleiben mit Christus verbunden durch das Gebet; Christus bleibt in uns, indem wir ihn in der heiligen Eucharistie empfangen, aber auch, indem wir sein Wort hören und es bewahren, um danach handeln zu können.

Maria gehörte zu denen, die bedenkenswerte Worte in ihrem Inneren bewahrte, wie uns die Evangelien an mehreren Stellen zeigen. Ihr können wir gleich werden, denn Jesus bezeichnete diejenigen, die das Wort Gottes hören und danach handeln, als seine Mutter und seine Brüder.

Gesätz Jesus, der uns sein Wort anvertraut hat

Lied GL 614,1–3 (Wohl denen, die da wandeln)

3. Jesus, der uns aufträgt, seine Gebote zu halten

Schrifttext Jesus sagt: „Wie mich der Vater geliebt hat, so habe auch ich euch geliebt. Bleibt in meiner Liebe! Wenn ihr meine Gebote haltet, werdet ihr in meiner Liebe bleiben, so wie ich die Gebote meines Vaters gehalten habe und in seiner Liebe bleibe. Dies habe ich euch gesagt, damit meine Freude in euch ist und damit eure Freude vollkommen wird." *(Joh 15,9–11)*

Impuls   Die Beziehung Jesu zu seinen Jüngern soll seiner Beziehung zu seinem Vater gleichen. Das gemeinsame Band ist die Liebe. Der Liebe des Vaters zu ihm entspricht der Gehorsam, mit dem er den Willen des Vaters erfüllt hat. Und so soll auch unser Leben nach seinen Geboten ein Widerschein seiner Liebe zu uns sein.
Nicht immer ist dies einsichtig, nicht immer ist es leicht, den Willen Gottes zu tun und das Gebot des Herrn zu halten. Wie mag es Maria ergangen sein nach dem harten Wort ihres Sohnes zu ihr bei der Hochzeit zu Kana: „Was willst du von mir, Frau?" Und doch behielt sie den Glauben an seine Liebe zu den Menschen. Und auf sie wollen wir hören, wenn sie zu uns spricht: „Was er euch sagt, das tut" *(Joh 2,4f).*

Gesätz   Jesus, der uns aufträgt, seine Gebote zu halten

Lied   GL 557,2.6 (Ich will dich lieben)

4. Jesus, der uns geboten hat, einander zu lieben

Schrifttext   Jesus sagt: „Das ist mein Gebot: Liebt einander, so wie ich euch geliebt habe. Es gibt keine größere Liebe, als wenn einer sein Leben für seine Freunde hingibt. Ihr seid meine Freunde, wenn ihr tut, was ich euch auftrage. Ich nenne euch nicht mehr Knechte; denn der Knecht weiß nicht, was sein Herr tut. Vielmehr habe ich euch Freunde genannt; denn ich habe euch alles mitgeteilt, was ich von meinem Vater gehört habe." *(Joh 15,12–15)*

Impuls   Der Liebe Jesu zu uns entspricht nicht nur unser Leben nach seinen Geboten, diese Liebe soll vielmehr auch uns dazu führen, einander zu lieben. Es gibt keine Gottesliebe ohne Nächstenliebe; wer Gott liebt, soll auch seinen Bruder und seine Schwester lieben. So finden wir auch in der Kommunion nicht nur zur Gemeinschaft mit Christus in seinem Leib und Blut zusammen, sondern auch zur Communio, zur Gemeinschaft untereinander. – Als Jesus am Kreuz hing, hat er seine Mutter und Johannes, den Jünger, den er liebte, einander anvertraut. So finden wir sie auch nach seiner Himmelfahrt wieder in der Gemeinschaft derer, die ein Herz und eine Seele wurden.

Gesätz Jesus, der uns geboten hat, einander zu lieben

Lied Wo die Güte und die Liebe wohnt (GL-Diözesananhänge, 1. Str.) *oder*
GL 751,1.2 *mit Versen aus* Ps 119

5. Jesus, der uns erwählt hat, Frucht zu bringen

Schrifttext Jesus sagt: „Nicht ihr habt mich erwählt, sondern ich habe euch erwählt und dazu bestimmt, dass ihr euch aufmacht und Frucht bringt und dass eure Frucht bleibt. Dann wird euch der Vater alles geben, um was ihr ihn in meinem Namen bittet. Dies trage ich euch auf: Liebt einander!" *(Joh 15,16–17)*

Impuls Jesus hat seine Jünger erwählt, er hat sie angesprochen und in seine Nachfolge gerufen. Die Beziehung, die wir als Jünger und Jüngerinnen Jesu zu ihm haben, ist also keine einseitige, sie ist vielmehr beidseitig, ja sie geht in erster Linie von ihm aus. Es ist Gott, der die Menschen ins Dasein ruft und in seinen Dienst beruft. Das ist bei unserer Taufe auch an uns geschehen.
Auch Maria war von Gott berufen, erwählt, die Mutter seines Sohnes zu werden. Sie war (nach einem Psalmwort) die bereite Erde, die, von oben betaut, eine göttliche Frucht gebracht hat. In ihr haben wir ein Bild unserer eigenen Erwählung und Berufung.

Gesätz Jesus, der uns erwählt hat, Frucht zu bringen

Lied GL 635,3 (Ich bin getauft)

Abschluss

Vater unser In manchen Weinbergen findet sich ein Bildstock Mariens, vor allem im katholischen Frankenland keine Seltenheit. Vieles wird hier unter den Schutz der Gottesmutter gestellt. Doch das kann uns gerade im Zusammenhang des Weinstocks und der Rebzweige mehr als ein Schutzbild sein: Maria als Bild, als Inbegriff eines gereiften geistlichen Lebens. Sie war mit Christus verbunden auch über die Mutter-Sohn-Beziehung hinaus. Die Gemeinschaft mit ihm fand ihre Entsprechung in der Gemeinschaft mit anderen. Der Maßstab Mariens erscheint hoch, aber er ist jedem und jeder von uns angepasst: „Selig sind die, die das Wort Gottes hören und es befolgen" *(vgl. Lk 11,28)*. Wer in Christus, dem Weinstock, als Zweig bleibt und wächst, bringt Frucht, bis er Gott, seinen Vater, findet und zu seiner seligen Schau kommt.
Ihn dürfen auch wir als unseren Vater ansprechen und zu ihm beten:

Vater unser …

Gebet Herr, unser Gott, in der seligen Jungfrau Maria hast du uns das Beispiel einer Jüngerin gegeben, welche die Worte des Lebens treu bewahrt. Öffne unsere Herzen für das Wort des Heiles, damit es durch die Kraft des Heiligen Geistes in uns täglich widerhalle und überreiche Frucht bringe. Darum bitten wir durch Jesus Christus. *(Marienmessbuch 64)*

Segen und Entlassung

Lied GL 576 (Freu dich, du Himmelskönigin) *oder* Im Maien hebt die Schöpfung an (S. 70)

10 Rosenkranzandachten in der Pfingstnovene

1. Jesus, der mit dem Vater und dem Geist ein Gott ist
2. Jesus, der vom Geist empfangen war
3. Jesus, der vom Geist gesalbt war
4. Jesus, der vom Geist geführt war
5. Jesus, der den Geist seinen Jüngern gab
6. Jesus, der durch seinen Geist in den Menschen handelt
7. Jesus, der uns mit dem Geist tauft
8. Jesus, in dessen Geist wir Versöhnung finden
9. Jesus, dessen Geist uns Gott erkennen lässt

Vorbemerkung *Die neun Tage zwischen Christi Himmelfahrt und Pfingsten können mit einem Rosenkranzgebet als Heilig-Geist-Novene gestaltet werden; der Rahmen ist dabei jeweils gleich. Im Mittelpunkt steht ein Gesätz, das dem Geist und seiner Beziehung zu Christus und uns nachspürt.*

Eröffnung

Lied   GL 516 (Herr Jesu Christ, dich zu uns wend)

Einführung   Als Jesus zum Himmel aufgestiegen war, kehrten die Jünger nach Jerusalem zurück und versammelten sich dort zum Gebet. Unter ihnen waren auch die Frauen und Maria, die Mutter des Herrn. Nach alter Tradition versammeln sich auch heute die Christen an den Tagen zwischen Himmelfahrt und Pfingsten, um wie die Apostel und Maria zu beten. Diese Tage lassen uns auch über den Geist Christi nachsinnen, um den wir beten.
Mit Maria und dem Rosenkranzgebet wollen wir dies jeweils zu einer Schriftstelle tun.

Kyrie-Rufe *zu singen nach GL 524*
Der vom Geist empfangen war, den die Jungfrau uns gebar: Christus, Herr, erbarme dich.
Auf den der Geist sich senkt, dass er sein Heil uns schenkt: Christus, erbarme dich.
Der uns tauft mit Heilgem Geist und uns seine Wege weist: Christus, Herr, erbarme dich.

Gebet Herr unser Gott, als die selige Jungfrau Maria mit den Aposteln betete, hast du sie mit den Gaben des Heiligen Geistes reich beschenkt. Auf ihre Fürsprache erfülle auch uns mit diesem Geist. Lass uns einmütig im Gebet verharren und unseren Brüdern und Schwestern die Frohbotschaft von Heil verkünden. Darum bitten wir durch Jesus Christus. (*Marienmessbuch 109*)

Rosenkranzgebet

Schrifttext

(Impuls)

Gesätz *vom jeweiligen Tag*

Lied

Abschluss

Gebet Guter Gott, wir haben dein Wort gehört. Erneuere in uns den Geist deines Sohnes, dass wir dieses Wort nicht nur hören, sondern wie Maria daraus leben und danach handeln. Darum bitten wir durch Jesus Christus.

Segen und Entlassung

EINZELNE TAGE

1. Christus, mit dem Vater und dem Heiligen Geist ein Gott

Schrifttext   Zusammen mit dem ganzen Volk ließ auch Jesus sich taufen. Und während er betete, öffnete sich der Himmel, und der Heilige Geist kam sichtbar in Gestalt einer Taube auf ihn herab, und eine Stimme aus dem Himmel sprach: Du bist mein geliebter Sohn, an dir habe ich Gefallen gefunden. *(Lk 3,21–22)*

(Impuls)

Gesätz   Jesus, der mit dem Vater und dem Geist ein Gott ist

2. Vom Geist empfangen

Schrifttext   Du wirst ein Kind empfangen, einen Sohn wirst du gebären: dem sollst du den Namen Jesus geben. Er wird groß sein und Sohn des Höchsten genannt werden. Gott, der Herr, wird ihm den Thron seines Vaters David geben. Er wird über das Haus Jakob in Ewigkeit herrschen und seine Herrschaft wird kein Ende haben. Maria sagte zu dem Engel: Wie soll das geschehen, da ich keinen Mann erkenne? Der Engel antwortete ihr: Der Heilige Geist wird über dich kommen, und die Kraft des Höchsten wird dich überschatten. Deshalb wird auch das Kind heilig und Sohn Gottes genannt werden. *(Lk 1,31–35)*

(Impuls)

Gesätz   Jesus, der vom Geist empfangen war

3. Vom Geist gesalbt und gesandt

Schrifttext So kam er auch nach Nazaret, wo er aufgewachsen war, und ging, wie gewohnt, am Sabbat in die Synagoge. Als er aufstand, um aus der Schrift vorzulesen, reichte man ihm das Buch des Propheten Jesaja. Er schlug das Buch auf und fand die Stelle, wo es heißt: Der Geist des Herrn ruht auf mir; denn der Herr hat mich gesalbt. Er hat mich gesandt, damit ich den Armen eine gute Nachricht bringe; damit ich den Gefangenen die Entlassung verkünde und den Blinden das Augenlicht; damit ich die Zerschlagenen in Freiheit setze und ein Gnadenjahr des Herrn ausrufe. Dann schloss er das Buch, gab es dem Synagogendiener und setzte sich. Die Augen aller in der Synagoge waren auf ihn gerichtet. Da begann er, ihnen darzulegen: Heute hat sich das Schriftwort, das ihr eben gehört habt, erfüllt. *(Lk 4,16–21)*

(Impuls)

Gesätz Jesus, der vom Geist gesalbt war

4. Vom Geist geführt

Schrifttext Erfüllt vom Heiligen Geist, verließ Jesus die Jordangegend. Darauf führte ihn der Geist vierzig Tage lang in der Wüste umher, und dabei wurde Jesus vom Teufel in Versuchung geführt. Die ganze Zeit über aß er nichts; als aber die vierzig Tage vorüber waren, hatte er Hunger. Nach diesen Versuchungen ließ der Teufel für eine gewisse Zeit von ihm ab. Jesus kehrte, erfüllt von der Kraft des Geistes, nach Galiläa zurück. Und die Kunde von ihm verbreitete sich in der ganzen Gegend. Er lehrte in den Synagogen und wurde von allen gepriesen. *(Lk 4,1–2.13–15)*

(Impuls)

Gesätz Jesus, der vom Geist geführt war

5. Christus schenkt den Geist seinen Jüngern

Schrifttext Jesus sagt: „Und ich werde den Vater bitten und er wird euch einen anderen Beistand geben, der für immer bei euch bleiben soll. Es ist der Geist der Wahrheit, den die Welt nicht empfangen kann, weil sie ihn nicht sieht und nicht kennt. Ihr aber kennt ihn, weil er bei euch bleibt und in euch sein wird. *(Joh 14,16–17)*

(Impuls)

Gesätz Jesus, der den Geist seinen Jüngern gab

6. Christus handelt durch seinen Geist in den Menschen

Schrifttext In Christus Jesus kann ich mich also vor Gott rühmen. Denn ich wage nur von dem zu reden, was Christus, um die Heiden zum Gehorsam zu führen, durch mich in Wort und Tat bewirkt hat, in der Kraft von Zeichen und Wundern, in der Kraft des Geistes Gottes. So habe ich von Jerusalem aus in weitem Umkreis bis nach Illyrien überallhin das Evangelium Christi gebracht. *(Röm 15,17–19)*

(Impuls)

Gesätz Jesus, der durch seinen Geist in den Menschen handelt

7. Mit dem Geist Christi getauft

Schrifttext Johannes gab ihnen allen zur Antwort: Ich taufe euch nur mit Wasser. Es kommt aber einer, der stärker ist als ich, und ich bin es nicht wert, ihm die Schuhe aufzuschnüren. Er wird euch mit dem Heiligen Geist und mit Feuer taufen. *(Lk 3,16)*

(Impuls)

Gesätz Jesus, der uns mit dem Geist tauft

8. Im Geist Christi versöhnt

Schrifttext Jesus sprach noch einmal zu den Jüngern: Friede sei mit euch! Wie mich der Vater gesandt hat, so sende ich euch. Nach diesen Worten hauchte er sie an und sprach zu ihnen: Empfangt den heiligen Geist. Allen, denen ihr die Sünden erlasst, sind sie erlassen; allen, denen ihr sie nicht erlasst, sind sie nicht erlassen.
(Joh 20,21–23)

(Impuls)

Gesätz Jesus, in dessen Geist wir Versöhnung erfahren

9. Der Geist Christi lässt uns Gott erkennen

Schrifttext Wir aber haben nicht den Geist der Welt empfangen, sondern den Geist, der aus Gott stammt, damit wir das erkennen, was uns von Gott geschenkt worden ist. Davon reden wir auch, nicht mit Worten, wie menschliche Weisheit sie lehrt, sondern wie der Geist sie lehrt, indem wir den Geisterfüllten das Wirken des Geistes deuten. Der irdisch gesinnte Mensch aber lässt sich nicht auf das ein, was vom Geist Gottes kommt. Torheit ist es für ihn, und er kann es nicht verstehen, weil es nur mit Hilfe des Geistes beurteilt werden kann. Der geisterfüllte Mensch urteilt über alles, ihn aber vermag niemand zu beurteilen. Denn wer begreift den Geist des Herrn? Wer kann ihn belehren? Wir aber haben den Geist Christi. *(1 Kor 2,12–16)*

(Impuls)

Gesätz Jesus, dessen Geist uns Gott erkennen lässt

Im Maien hebt die Schöpfung an

1. Im Maien hebt die Schöpfung an
zu blühen und zu singen.
die Erde hat sich aufgetan
uns neue Frucht zu bringen.
Den Gnadenfrühling voller Pracht
hast du, Maria, uns gebracht:
Dir soll das Lob erklingen.

2. Du bist das blütenreiche Land, / die segensvolle Erde, /
an der Gott Wohlgefallen fand, / du allzeit Unversehrte. /
Du trugst – o wunderbares Los – / den Gottessohn in deinem Schoß, /
dass uns Erlösung werde.

3. Du allerschönster Rosenstrauch, / der je auf Erden blühte, /
befruchtet durch des Geistes Hauch, / betaut von Gottes Güte: /
Den Heiland, der aus dir entsprang, / du nahmst ihn auf mit Lobgesang /
und liebendem Gemüte.

4. Als Weizenkorn gab sich dein Sohn / in Erdenleid und Sterben, /
um uns, als seines Todes Lohn, / das Leben zu erwerben. /
Sein Leib uns nährt, sein Blut uns tränkt – / der Sohn, den du der Welt geschenkt, /
macht uns zu Himmelserben.

T: Friedrich Dörr 1973
M: Trier 1653

Jesus,
der uns als Guter Hirte begegnet

Rosenkranzandachten
zu Christusgeheimnissen aus den Evangelien

11
Rosenkranzandacht zu den Heilungswundern

1. Jesus, der den Blinden sehend gemacht hat
2. Jesus, der den Gelähmten aufgerichtet hat
3. Jesus, der den Aussätzigen rein gemacht hat
4. Jesus, der den Taubstummen geheilt hat
5. Jesus, der den Besessenen frei gemacht hat

Lied zum Rosenkranz zu den Heilungswundern Christi

1. Maria, sei gegrüßt
mit deinem lieben Sohn,
der unsre Blindheit löst
und als das Licht der Welt
die dunkle Nacht erhellt.
Bitt Gott für uns, Maria.

2. Maria, sei gegrüßt
mit deinem lieben Sohn,
der uns die Schuld vergibt;
er lässt uns aufrecht stehn,
in neuer Würde gehn.
Bitt Gott für uns, Maria.

3. Maria, sei gegrüßt
mit deinem lieben Sohn,
der liebevoll berührt
die an den Rand gestellt,
verstoßen von der Welt.
Bitt Gott für uns, Maria.

4. Maria, sei gegrüßt
mit deinem lieben Sohn.
Das Wort, das Fleisch annahm,
macht Gottes Heil uns kund,
öffnet uns Ohr und Mund.
Bitt Gott für uns, Maria.

5. Maria, sei gegrüßt
mit deinem lieben Sohn,
der uns befreien will
von dem, was uns beengt,
im Innern uns bedrängt.
Bitt Gott für uns, Maria.

T: Hans-Dieter Fischer (nach GL 590)
M: zu singen nach GL 590

Eröffnung

Lied   GL 552 (Alles Leben ist dunkel)

Einführung   Wir nennen Jesus Christus unseren Herrn, unseren Bruder, Messias und Menschensohn. Eines der schönsten Worte, mit dem wir ihn ansprechen und ihn bezeichnen, lautet „Heiland". Ein altes deutsches Wort, das anderen wie „Retter" oder „Erlöser" nahekommt, aber doch sehr viel deutlicher sagt, was uns Jesus bedeutet: Er ist einer, der Menschen heil machte und noch immer heil machen kann. Mit diesem Wort Heiland wird die Geburt Jesu nach der Übersetzung Martin Luthers auch den Hirten auf dem Feld angekündigt: „Euch ist heute der Heiland geboren, welcher ist Christus, der Herr." Schauen wir heute auf den Heiland, der sich so vielen Menschen zuwandte und ihnen half. Bringen wir vor ihm, was auch uns niederdrückt, und bitten wir ihn im Blick auf seine Mutter Maria, dass er uns aufrichte, rein, frei und heil mache.

Rosenkranzgesätze

Schrifttext   Mk 10,46–52
Gesätz   Jesus, der den Blinden sehend gemacht hat
Liedstrophe   Maria, sei gegrüßt, 1. Str. (S. 72)

Schrifttext   Mk 2,1–12
Gesätz   Jesus, der den Gelähmten aufgerichtet hat
Liedstrophe   Maria, sei gegrüßt, 2. Str.

Schrifttext   Mk 1,40–45
Gesätz   Jesus, der den Aussätzigen rein gemacht hat
Liedstrophe   Maria, sei gegrüßt, 3. Str.

Schrifttext   Mk 7,31–37
Gesätz   Jesus, der den Taubstummen geheilt hat
Liedstrophe   Maria, sei gegrüßt, 4. Str.

Schrifttext	Mk 5,1–20
Gesätz	Jesus, der den Besessenen frei gemacht hat
Liedstrophe	Maria, sei gegrüßt, 5. Str.

Abschluss

Wechselgebet	GL 781,6 *ab* „Herr, wir preisen dein Leben"
Schlussgebet	Menschenliebender Gott, du hast Maria groß und zur Mutter deines Sohnes gemacht. Du willst auch uns anrühren in deinem Sohn Jesus Christus und uns heil machen. Erhalte uns auf die Fürsprache der seligen Gottesmutter Maria in seiner Nähe, dass wir dich spüren und deine Heiligkeit auch uns ergreift. Darum bitten wir durch Christus, unseren Herrn.
Lied	Es singt in mir mein Herz zu dir (S. 75)

Es singt in mir mein Herz zu dir

1. Es singt in mir mein Herz zu dir, mein Gott, ich muss dich prei-sen. Du hast auf dei-ne Magd ge-sehn. Was du ge-sagt hast, ist ge-schehn nach dei-nem heil'-gen Wil-len.

Es singt in mir
mein Herz zu dir,
mein Gott, ich muss dich preisen.
Die Stolzen fegst du weg vom Thron.
Den Armen schenkst du Lieb und Lohn,
die ihren Hunger stillen.

Es singt in mir
Mein Herz zu dir,
mein Gott, ich muss dich preisen.
Dein Segen über Abraham
auf mich, das arme Mädchen, kam.
Nun wird er sich erfüllen.

T: Silja Walter, Gesamtausgabe. Band 8,
© *Paulusverlag, Freiburg Schweiz 2003*
M: Guido Fuchs © *beim Komponisten*

12 Rosenkranzandacht zu den „Ich-bin"-Worten

1. Jesus, der das Brot des Lebens ist
2. Jesus, der die Tür zu Gott ist
3. Jesus, der Weg, Wahrheit und Leben ist
4. Jesus, der das Licht der Welt ist
5. Jesus, der der gute Hirte ist

Lied zum Rosenkranz nach den „Ich bin"-Worten

1. Maria, sei gegrüßt
mit deinem lieben Sohn,
der uns sich selber schenkt
und als des Lebens Brot
sich gibt in unsere Not:
Bitt Gott für uns, Maria.

2. Maria, sei gegrüßt
mit deinem lieben Sohn,
der sagt: Ich bin die Tür,
die Rettung uns gewährt
und uns zum Leben führt.
Bitt Gott für uns, Maria.

3. Maria, sei gegrüßt
mit deinem lieben Sohn,
der Weg, auf dem wir gehn,
die Wahrheit, die uns weist
und Leben uns verheißt:
Bitt Gott für uns, Maria.

4. Maria, sei gegrüßt
mit deinem lieben Sohn,
dem hellen Morgenstern,
der als das Licht der Welt
auch unsre Nacht erhellt:
Bitt Gott für uns, Maria.

5. Maria, sei gegrüßt
mit deinem lieben Sohn,
der unsre Lasten trägt
und als der gute Hirt
den sucht, der sich verirrt:
Bitt Gott für uns, Maria.

T: Hans-Dieter Fischer (nach GL 590)
M: zu singen nach GL 590

Eröffnung

Lied GL 517 (Herr Jesus, öffne unsern Mund – *ohne Wiederholungen*)

Einführung Wer Jesus ist, wer er für uns ist, das sagte er den Menschen, die ihm zuhörten, und auch uns. Doch wie es seine Art war, sprach er häufig in Bildworten. Sie erscheinen bisweilen dunkel, doch wer sich auf sie einlässt, dem erschließen sie viel vom Wesen des Gottessohnes. Ich bin das Brot des Lebens, sagte er, ich bin die Tür, ja der Weg, die Wahrheit und das Leben. Aber auch das Licht der Welt und der gute Hirte.

1. Jesus, der das Brot des Lebens ist

Schrifttext Jesus sagte zu ihnen: „Ich bin das Brot des Lebens. Eure Väter haben in der Wüste das Manna gegessen und sind gestorben. So aber ist es mit dem Brot, das vom Himmel herabkommt: Wenn jemand davon isst, wird er nicht sterben. Ich bin das lebendige Brot, das vom Himmel herabgekommen ist. Wer von diesem Brot isst, wird in Ewigkeit leben. Das Brot, das ich geben werde, ist mein Fleisch für das Leben der Welt. *(Joh 6,48–51)*

Impuls „Da stritten sich die Juden und sagten: Wie kann er uns sein Fleisch zu essen geben?" Ist dies nicht wirklich ein schier unglaubliches Geheimnis: Jesus Christus, lebendig gegenwärtig in einem kleinen Stückchen Brot? Haben nicht auch die Menschen unserer Tage oft Mühe, diese Wahrheit zu glauben?
Und doch. Woher kommt uns die Kraft zum christlichen Leben, wenn nicht immer wieder aus dem gläubigen Empfang des Leibes (und Blutes) Christi, aus der liebenden Begegnung mit ihm in diesen schlichten Zeichen?! Und schließlich, so sagt uns Christus, ist uns die heilige Kommunion Speise, „Wegzehrung" auf dem Weg in die Ewigkeit. Die aber kann sie uns wohl

umso besser sein, je regelmäßiger und andächtiger wir sie empfangen. Schon in diesem Leben will uns Christus, das Brot des Lebens, hineinverwandeln in seinen geheimnisvollen Leib.

Beten wir mit Maria, die ihren Sohn leibhaftig in Händen halten durfte, dass in uns allen eine große Wertschätzung der heiligen Eucharistie wachse.

Gesätz   Jesus, der das Brot des Lebens ist

Lied   Maria, sei gegrüßt, 1. Str. (S. 76)

2. Jesus, der die Tür zu Gott ist.

Schrifttext   „Weiter sagte Jesus zu ihnen: Amen, amen, ich sage euch: Ich bin die Tür zu den Schafen. Alle, die vor mir kamen, sind Diebe und Räuber; aber die Schafe haben nicht auf sie gehört. Ich bin die Tür; wer durch mich hineingeht, wird gerettet werden; er wird ein- und ausgehen und Weide finden." *(Joh 10,7–9)*

Impuls   Zunächst einmal ist Jesus die Tür zu „den Schafen", also zu allen, die Gott angehören. Durch ihn kommt Gott selber zum Menschen, durch Jesus hat auch der Mensch den rechten Zugang zum und Umgang mit dem Menschen; und wer im Namen Jesu zu den Menschen geht, muss ihr Heil im Sinn haben. Wir dürfen die Worte Jesu aus dem Johannesevangelium aber wohl auch so verstehen, dass wir nur durch ihn Zugang zu Gott und damit das Heil haben; nur wenn wir durch Jesus Christus hindurchgehen, werden wir die Weide finden, von der schon der Prophet Ezechiel spricht *(Ez 34,14f)*.

Beten wir mit Maria für alle, denen Menschen anvertraut sind, dass sie sie mit den Augen Jesu anschauen.

Gesätz   Jesus, der die Tür zu Gott ist

Lied   Maria, sei gegrüßt, 2. Str.

3. Jesus, der Weg, Wahrheit und Leben ist

Schrifttext Jesus spricht: „Euer Herz lasse sich nicht verwirren. Glaubt an Gott und glaubt an mich! Im Haus meines Vaters gibt es viele Wohnungen. Wenn es nicht so wäre, hätte ich euch dann gesagt: Ich gehe, um einen Platz für euch vorzubereiten? Wenn ich gegangen bin und einen Platz für euch vorbereitet habe, komme ich wieder und werde euch zu mir holen, damit auch ihr dort seid, wo ich bin. Und wohin ich gehe – den Weg dorthin kennt ihr. Thomas sagte zu ihm: Herr, wir wissen nicht, wohin du gehst. Wie sollen wir dann den Weg kennen? Jesus sagte zu ihm: Ich bin der Weg und die Wahrheit und das Leben; niemand kommt zum Vater außer durch mich." *(Joh 14,1–6)*

Impuls „Der Weg ist das Ziel" lautet eine oft zitierte Weisheit. Doch nicht einmal Jesus Christus beansprucht nach dem Evangelium für sich, Ziel zu sein; dieses ist der Vater, Jesus ist der Weg, auf dem wir das Ziel – Gott und das Leben bei ihm – erreichen. „Er ist der Weg, auf dem wir gehn, die Wahrheit, der wir trauen", singen wir im Lied *(GL 158,3)*. Dies bedeutet zugleich: Wir gehen nicht im Kreis, wir sind unterwegs zum Ziel, und wenn wir uns auf dem Weg bewegen, den Jesus uns gewiesen hat, mehr noch: der er selber ist, wenn sein Wort in uns auf fruchtbaren Boden fällt und Fleisch wird, dürfen wir darauf vertrauen, am Ziel anzukommen. Beten wir mit Maria für alle, welche die Orientierung in ihrem Leben verloren haben, dass sie in der Kirche Jesus Christus und in ihm Sicherheit für ihr Leben finden.

Gesätz Jesus, der Weg, Wahrheit und Leben ist

Lied Maria, sei gegrüßt, 3. Str.

4. Jesus, der das Licht der Welt ist

Schrifttext — Als Jesus ein andermal zu ihnen redete, sagte er: Ich bin das Licht der Welt. Wer mir nachfolgt, wird nicht in der Finsternis umhergehen, sondern wird das Licht des Lebens haben." *(Joh 8,12)*
Wir müssen, solange es Tag ist, die Werke dessen vollbringen, der mich gesandt hat; es kommt die Nacht, in der niemand mehr etwas tun kann. Solange ich in der Welt bin, bin ich das Licht der Welt. *(Joh 9,4f)*

Impuls — Licht übt auf alle Lebewesen eine besondere Wirkung und Faszination aus. Normalerweise suchen wir Menschen das Licht; nach den langen Winternächten sehnen wir uns jedes Jahr nach den heller werdenden Tagen, und in der Osternacht besingen wir dann im Licht der Osterkerze das Licht, welches sowohl die Erde erleuchtet als auch die Mutter Kirche umkleidet. „Licht" und „Finsternis" sind vor allem für den Evangelisten Johannes wesentliche Begriffe: „Und das Licht leuchtet in der Finsternis und die Finsternis hat es nicht erfasst" – von diesem Drama lesen wir schon im Prolog seines Evangeliums. Wer aber Jesus nachfolgt, wird nicht in der Finsternis umhergehen, sondern das Licht des Lebens haben, denn in der Taufe nimmt uns Christus hinein in sein Licht, damit wir es weitergeben an die Welt: „Ihr seid das Licht der Welt. Eine Stadt, die auf einem Berg liegt, kann nicht verborgen bleiben. Man zündet auch nicht ein Licht an und stülpt ein Gefäß darüber, sondern man stellt es auf den Leuchter; dann leuchtet es allen im Haus. So soll euer Licht vor den Menschen leuchten, damit sie eure guten Werke sehen und euren Vater im Himmel preisen." *(Mt 5,14ff)*
Beten wir mit Maria für alle Getauften, dass sie das Licht Christi erfassen und ihrer Berufung, Licht der Welt zu sein, immer mehr entsprechen können.

Gesätz — Jesus, der das Licht der Welt ist

Lied — Maria, sei gegrüßt, 4. Str.

5. Jesus, der der gute Hirte ist

Schrifttext „Ich bin der gute Hirt. Der gute Hirt gibt sein Leben hin für die Schafe. Der bezahlte Knecht aber, der nicht Hirt ist und dem die Schafe nicht gehören, lässt die Schafe im Stich und flieht, wenn er den Wolf kommen sieht; und der Wolf reißt sie und jagt sie auseinander. Er flieht, weil er nur ein bezahlter Knecht ist und ihm an den Schafen nichts liegt. Ich bin der gute Hirt; ich kenne die Meinen und die Meinen kennen mich, wie mich der Vater kennt und ich den Vater kenne; und ich gebe mein Leben hin für die Schafe. Ich habe noch andere Schafe, die nicht aus diesem Stall sind; auch sie muss ich führen und sie werden auf meine Stimme hören; dann wird es nur eine Herde geben und einen Hirten." *(Joh 10,11–16)*

Impuls „Wie wunderbarlich ist doch diese Strafe. Der gute Hirte leidet für die Schafe; die Schuld bezahlt der Herre, der Gerechte, für seine Knechte" heißt es im Lied *(GL 180,4)*. Der Anspruch, dem keiner der Hirten Israels gerecht werden konnte, wird von Jesus eingelöst: In seinem Tod am Kreuz gibt er wirklich alles für uns, damit es uns an nichts mehr mangle. In ihm, der auch dem einen verlorenen Schaf nachgeht, erfüllt sich die Verheißung, die Gott einst durch den Propheten Ezechiel gegeben hat: „Jetzt will ich meine Schafe selber suchen und mich selber um sie kümmern. Wie ein Hirt sich um die Tiere seiner Herde kümmert an dem Tag, an dem er mitten unter den Schafen ist, die sich verirrt haben, so kümmere ich mich um meine Schafe und hole sie zurück von all den Orten, wohin sie sich am dunklen, düsteren Tag zerstreut haben" *(Ez 34,11 f)*. Beten wir mit Maria, die bereits mit Leib und Seele am Ruheplatz im Himmel angekommen ist, für jene, die heute im Dienst des Guten Hirten stehen, und für jene, die ihrer Sorge anvertraut sind.

Gesätz Jesus, der der gute Hirte ist

Lied Maria, sei gegrüßt, 5. Str.

Abschluss

Schlussgebet   Allmächtiger, ewiger Gott, der du dich dem Mose auf dem Sinai kundgetan hast als der Ich-bin-da. In Jesus Christus hast du dich ganz den Menschen zugeneigt und dich von ihnen begreifen lassen als der Immanuel, der Gott-mit-uns. Mit Maria danken wir dir und preisen dich durch ihn, Christus, unseren Bruder und Herrn in Ewigkeit.

Lied   GL 261 (Den Herren will ich loben)

13
Rosenkranzandacht zum barmherzigen Jesus

1. Jesus, der die gekrümmte Frau wieder aufgerichtet hat
2. Jesus, der den Aussätzigen geheilt hat
3. Jesus, der den Blinden sehend gemacht hat
4. Jesus, der den Gelähmten geheilt hat
5. Jesus, der die Sünderin nicht verurteilt hat

Eröffnung

Lied   GL 577,1.3-4 (Maria, Mutter unsres Herrn)

Einführung   Marienverehrung, wie sie durch Rosenkranzandachten geschieht, ist immer auch Christusverehrung, denn ihr Sohn steht eigentlich im Mittelpunkt der Betrachtungen. „Zeig uns Jesus, deinen Sohn" haben wir gesungen *(GL 577,4)* – und sie zeigt ihn uns: Wir schauen in den Rosenkranzgesätzen das Leben Jesu vor uns ausgebreitet in seinen Höhen und Tiefen, die auch Freuden und Schmerzen der Gottesmutter bedeuteten. Wir wollen heute auf Jesus schauen, der sich der Menschen in ihren vielen Nöten angenommen hat. Wir dürfen dabei getrost alles vor ihm ausbreiten, was wir an Beschwernissen mit uns tragen, er will unsere Lasten auf sich nehmen. Wir blicken aber auch auf Maria, die unsere Anliegen bei ihrem Sohn vertritt. So lasst uns den dreifaltigen Gott preisen.

Lobpreis   GL 783

Lied   GL 578,1 (Meerstern, sei gegrüßet)

1. Jesus, der die gekrümmte Frau wieder aufgerichtet hat

Schrifttext — Am Sabbat lehrte Jesus in einer Synagoge. Dort saß eine Frau, die seit achtzehn Jahren krank war, weil sie von einem Dämon geplagt wurde; ihr Rücken war verkrümmt und sie konnte nicht mehr aufrecht gehen. Als Jesus sie sah, rief er sie zu sich und sagte: Frau, du bist von deinem Leiden erlöst. Und er legte ihr die Hände auf. Im gleichen Augenblick richtete sie sich auf und pries Gott. *(Lk 13,10–13)*

Impuls — Es gibt Verkrümmungen nicht nur im orthopädischen Sinn. Viele Menschen fühlen sich beschwert und niedergedrückt. Sie schauen nach vorn, aber sie sehen nur noch den Boden und keinen Horizont mehr. Sie fühlen sich besetzt von einer Macht, die sie niederdrückt, ihnen den Mut nimmt, sie klein macht. Vielleicht geht es uns ähnlich, selbst wenn wir aufrecht erscheinen. Beten wir für alle niedergedrückten Menschen, dass sich Jesus ihrer auf die Fürsprache Mariens annehme.

Gesätz — Jesus, der die gekrümmte Frau wieder aufgerichtet hat

Lied — GL 578,2

2. Jesus, der den Aussätzigen geheilt hat

Schrifttext — Als Jesus in einer der Städte war, kam ein Mann, der am ganzen Körper Aussatz hatte. Sobald er Jesus sah, warf er sich vor ihm zu Boden und bat ihn: Herr, wenn du willst, kannst du machen, dass ich rein werde. Da streckte Jesus die Hand aus, berührte ihn und sagte: Ich will es – werde rein! Im gleichen Augenblick verschwand der Aussatz. Jesus befahl ihm: Erzähl niemand davon, sondern geh, zeig dich dem Priester und bring das Reinigungsopfer dar, wie es Mose angeordnet hat. Das soll für sie ein Beweis (deiner Heilung) sein. Sein Ruf verbreitete sich immer mehr, sodass die Menschen von überall herbeiströmten. Sie alle wollten ihn hören und von ihren Krankheiten geheilt werden. *(Lk 5,12–15)*

Impuls	Aussatz war im Altertum eine weit verbreitete Krankheit, die alle, die davon befallen waren, zwang, sich fernab jeder menschlichen Gemeinschaft aufzuhalten. – Menschen, die nicht dazugehören, die keine Aufnahme und Annahme finden, gibt es auch heute genug, wir müssen bei „Aussätzigen" nicht nur an Kranke denken. Vielleicht kennen auch wir dieses Gefühl, nicht dazugehören zu dürfen. Beten wir zu Jesus Christus, dem Arzt der Seele und des Leibes, dass er sich auf die Fürsprache seiner Mutter all derer annimmt, die bei Menschen keine Annahme finden.
Gesätz	Jesus, der den Aussätzigen geheilt hat
Lied	GL 578,3

3. Jesus, der den Blinden sehend gemacht hat

Schrifttext	Sie kamen nach Betsaida. Da brachte man einen Blinden zu Jesus und bat ihn, er möge ihn berühren. Er nahm den Blinden bei der Hand, führte ihn vor das Dorf hinaus, bestrich seine Augen mit Speichel, legte ihm die Hände auf und fragte ihn: Siehst du etwas? Der Mann blickte auf und sagte: Ich sehe Menschen; denn ich sehe etwas, das wie Bäume aussieht und umhergeht. Da legte er ihm nochmals die Hände auf die Augen; nun sah der Mann deutlich. Er war geheilt und konnte alles ganz genau sehen. *(Mk 8,22–25)*
Impuls	Die Blindenheilungen Jesu sind nicht nur eine Befreiung von körperlichen Leiden. „Blind sein" heißt: Sie sehen zwar, aber sie erkennen nicht. „Sehend werden" bedeutet, dass Menschen zum Glauben an Gott kommen. Viele Menschen laufen in diesem Sinn „blind" durch ihr Leben, sie wünschen sich vielleicht auch eine tiefere Sicht, einen tieferen Sinn. Vielleicht geht es uns selbst so, dass wir blind sind für die Gegenwart Gottes in unserem Leben. Beten wir um den Glauben, dass Jesus, das Licht der Welt, auf die Fürsprache seiner Mutter Maria uns und allen die Augen öffnen kann.

Gesätz	Jesus, der den Blinden sehend gemacht hat
Lied	GL 578,4

4. Jesus, der den Gelähmten geheilt hat

Schrifttext Jesus stieg in das Boot, fuhr über den See und kam in seine Stadt. Da brachte man auf einer Tragbahre einen Gelähmten zu ihm. Als Jesus ihren Glauben sah, sagte er zu dem Gelähmten: Hab Vertrauen, mein Sohn, deine Sünden sind dir vergeben! Da dachten einige Schriftgelehrte: Er lästert Gott. Jesus wusste, was sie dachten, und sagte: Warum habt ihr so böse Gedanken im Herzen? Was ist leichter, zu sagen: Deine Sünden sind dir vergeben!, oder zu sagen: Steh auf und geh umher? Ihr sollt aber erkennen, dass der Menschensohn die Vollmacht hat, hier auf der Erde Sünden zu vergeben. Darauf sagte er zu dem Gelähmten: Steh auf, nimm deine Tragbahre, und geh nach Hause! Und der Mann stand auf und ging heim. Als die Leute das sahen, erschraken sie und priesen Gott, der den Menschen solche Vollmacht gegeben hat. *(Mt 9,1–8)*

Impuls „Ich fühle mich wie gelähmt" sagen wir manchmal und meinen damit, dass wir nicht mehr weiterkönnen und in uns gefangen sind. Es gibt scheinbar keinen Ausweg mehr, wir stolpern nur noch, liegen am Boden, können uns nicht mehr aufrichten. Wir warten, dass andere uns helfen. Der Gelähmte kann nicht allein zu Jesus kommen, er braucht andere, die ihm helfen. Auch wir sind nicht allein zu unserer ersten Begegnung mit Jesus gekommen, unsere Eltern brachten uns bei der Taufe zu ihm. Auf ihren Glauben hin hat er an uns gehandelt, und er kann uns auch von allen unseren Lähmungen befreien, wenn wir uns im Glauben auf ihn einlassen. Beten wir, dass sich Jesus auf die Fürsprache Mariens all jenen in Liebe zuneigt, die selbst nicht mehr die Kraft haben, zu ihm zu kommen.

Gesätz Jesus, der den Gelähmten geheilt hat

Lied GL 578,5

5. Jesus, der die Sünderin nicht verurteilt hat

Schrifttext Am frühen Morgen begab sich Jesus wieder in den Tempel. Alles Volk kam zu ihm. Er setzte sich und lehrte es. Da brachten die Schriftgelehrten und die Pharisäer eine Frau, die beim Ehebruch ertappt worden war. Sie stellten sie in die Mitte und sagten zu ihm: Meister, diese Frau wurde beim Ehebruch auf frischer Tat ertappt. Mose hat uns im Gesetz vorgeschrieben, solche Frauen zu steinigen. Nun, was sagst du? Mit dieser Frage wollten sie ihn auf die Probe stellen, um einen Grund zu haben, ihn zu verklagen. Jesus aber bückte sich und schrieb mit dem Finger auf die Erde.
Als sie hartnäckig weiterfragten, richtete er sich auf und sagte zu ihnen: Wer von euch ohne Sünde ist, werfe als Erster einen Stein auf sie. Und er bückte sich wieder und schrieb auf die Erde.
Als sie seine Antwort gehört hatten, ging einer nach dem anderen fort, zuerst die Ältesten. Jesus blieb allein zurück mit der Frau, die noch in der Mitte stand. Er richtete sich auf und sagte zu ihr: Frau, wo sind sie geblieben? Hat dich keiner verurteilt? Sie antwortete: Keiner, Herr. Da sagte Jesus zu ihr: Auch ich verurteile dich nicht. Geh und sündige von jetzt an nicht mehr!
(Joh 8,1–11)

Impuls Die Männer bringen eine Frau zu Jesus. Sie hat offenkundig Schuld auf sich geladen. Aber ohne Schuld ist keiner derjenigen, die jetzt vor ihm stehen. Auch uns geht es oft so. Vielleicht zeigen wir mit einem Finger auf andere, die gesündigt haben – aber zeigen nicht drei Finger auf uns zurück? Vielleicht sind wir aber auch diejenigen, die sich in Schuld verstrickt wissen und auf Lösung hoffen. Jesus hat die Frau nicht verurteilt. Bitten wir ihn auf die Fürsprache seiner Mutter, dass er auch uns ein gnädiger Richter ist und unsere Sünden in den Staub schreibt.

Gesätz	Jesus, der die Sünderin nicht verurteilt hat
Lied	GL 578,6–7

Abschluss — Eucharistische Aussetzung und Anbetung

Jesus hat sich der Menschen angenommen. Er hat sich nicht gescheut, sie zu berühren. Er hat sie heil gemacht, er hat ihre Schuld vergeben, er hat ihre Mühe und Last auf sich genommen, er hat die Hungernden satt gemacht. Wir wollen dem Herrn danken, der sich zum Brot für die Welt gemacht hat, sich verzehren lässt und uns alle in seiner Liebe eint.

Zur Übertragung
  GL 617 (Nahe wollt der Herr uns sein)

Anbetung GL 781,2
  ab „Herr und Erlöser ..."

Lied GL 541 (Tantum ergo)

Oration und Eucharistischer Segen

Lied GL 261 (Den Herren will ich loben)

14
Rosenkranzandacht zur Gegenwart Christi

1. Jesus, der mit uns auf dem Weg ist.
2. Jesus, der uns sein Wort schenkt.
3. Jesus, der uns das Brot bricht.
4. Jesus, der in unserer Mitte ist.
5. Jesus, der uns in Kreuz und Leid begegnet.

Lied zum Rosenkranz zur Gegenwart Christi

1. Maria, sei gegrüßt
mit deinem lieben Sohn,
der uns zur Seite geht
und uns begleiten will
zu unsrem Pilgerziel.
Bitt Gott für uns, Maria.

2. Maria, sei gegrüßt
mit deinem lieben Sohn,
der uns sein Wort geschenkt,
in dem des Vaters Ja
ist allen Menschen nah.
Bitt Gott für uns, Maria.

3. Maria, sei gegrüßt
mit deinem lieben Sohn,
der sich uns selber gibt:
Im heilgen Brot und Wein
will er uns Nahrung sein.
Bitt Gott für uns, Maria.

4. Maria, sei gegrüßt
mit deinem lieben Sohn,
der unser Heiland ist,
in unserer Mitte weilt
uns tröstet, stärkt und heilt.
Bitt Gott für uns, Maria.

5. Maria, sei gegrüßt
mit deinem lieben Sohn,
der uns am Kreuz umfasst,
und uns sein Antlitz zeigt
in Krankheit, Not und Leid.
Bitt Gott für uns, Maria.

T: Hans-Dieter Fischer (nach GL 590)
M: zu singen nach GL 590

Eröffnung

Lied GL 577,1.3–4 (Maria, Mutter unsres Herrn)

Einführung Auf unserem Weg durch die Zeit haben wir die Gotesmutter als Fürsprecherin. Vor allem aber haben wir die Zusage ihres Sohnes, immer bei uns zu sein alle Tage bis ans Ende der Zeit. Maria zeigt ihn uns als unseren Bruder, der immer mit uns auf dem Weg ist, wie es in einem Hochgebet heißt, der uns um sich versammelt, das Wort der Schrift deutet und uns das Brot bricht. Mit ihr zusammen preisen wir den Vater, den Sohn und den Heiligen Geist, den dreifaltigen Gott.

Lobpreis GL 783

Lied GL 594,1–2 (Maria, dich lieben)

Hören auf Gott, ihm Antwort geben; bereit sein, ihm wirklich zu begegnen – auch dort, wo wir ihn nicht erwarten. Ausschau zu halten, wie der Psalmist sagt, aber nicht nur im Heiligtum; sich nach Gott sehnen, über ihn nachsinnen. Vielleicht kennzeichnet all das Menschen, die wir „heilig" nennen, die wie Maria so ganz anders zu sein scheinen.

Psalm Ps 63 (GL 676,1.2) *oder*
Ps 57 (GL 601,1.2)

Stille

Psalmgebet Gott, unablässig sehnen wir uns nach etwas, das wir nicht benennen können. Sei du die Erfüllung all unserer verborgenen Wünsche und Träume. Gib uns die Erfahrung deiner Gegenwart, so wie du in das Leben Marias getreten bist, die „jubeln konnte im Schatten deiner Flügel". Dir sei die Ehre in Ewigkeit.

Lied GL 594,3–4

Schriftlesung Lk 24,13–35

Impuls   Wie den Jüngern, so geht es auch uns. Oft erfahren und merken wir erst im Nachhinein, wo Gott in Jesus Christus mit uns ging, wann wir eine heilvolle Stunde hatten, wie wir in der Begegnung mit Menschen das Handeln Gottes in unserem Leben verspürten, wie uns Leid und Kreuz in seine Nähe brachten. Unser Rosenkranzgebet kann uns darüber weiter meditieren lassen.

Rosenkranzgebet

1. Gesätz   Jesus, der mit uns auf dem Weg ist
Liedstrophe   Maria, sei gegrüßt, 1. Str. (S. 89)

2. Gesätz   Jesus, der uns sein Wort schenkt
Liedstrophe   Maria, sei gegrüßt, 2. Str.

3. Gesätz   Jesus, der uns das Brot bricht
Liedstrophe   Maria, sei gegrüßt, 3. Str.

4. Gesätz   Jesus, der in unserer Mitte ist
Liedstrophe   Maria, sei gegrüßt, 4. Str.

5. Gesätz   Jesus, der uns in Kreuz und Leid begegnet
Liedstrophe   Maria, sei gegrüßt, 5. Str.

Abschluss – Eucharistische Aussetzung und Anbetung

Als Jesus seinen Jüngern das Brot brach, gingen ihnen die Augen auf und sie erkannten ihn. In der Gemeinschaft der Eucharistie dürfen wir die Gegenwart Christi am intensivsten spüren. Wir wollen dem Herrn danken und zu ihm beten, der sich für uns zum Brot gemacht hat, sich verzehren lässt und alle in sich eint.

Zur Übertragung
    GL 617 (Nahe wollt der Herr uns sein)

Anbetung   GL 777,3
    ab „Bleibe bei uns …"

Lied   GL 541 (Tantum ergo)

Oration und Eucharistischer Segen

Lied   GL 594,5–6

15
Rosenkranz zum Totengebet

Jesus, der den Tod überwunden hat

Vorbemerkung *Der Rosenkranz ist auch traditionelles Gebet bei der Totenwache. Anstelle des schmerzhaften Rosenkranzes kann auch der folgende gebetet werden. Zehn Worte (leicht gekürzt) aus den Evangelien zeigen Jesus, der den Tod überwunden hat. Innerhalb einer Andacht eingefügt, kann jeweils ein Ave Maria dem Schriftwort folgen, bei einem ganzen Rosenkranz können jeweils fünf gesprochen werden.*

Rosenkranz

Schrifttext (1) Als Jesus in die Nähe des Stadttors kam, trug man gerade einen Toten heraus. Es war der einzige Sohn seiner Mutter, einer Witwe. Und viele Leute aus der Stadt begleiteten sie. Als der Herr die Frau sah, hatte er Mitleid mit ihr und sagte zu ihr: Weine nicht! Dann ging er zu der Bahre hin und fasste sie an. Die Träger blieben stehen und er sagte: Ich befehle dir, junger Mann: Steh auf! Da richtete sich der Tote auf und begann zu sprechen und Jesus gab ihn seiner Mutter zurück. *(Lk 11,12–15)*

Gesätz Gegrüßet seist du, Maria … Jesus, der den Tod überwunden hat

Schrifttext (2) Während Jesu mit ihnen redete, kam ein Synagogenvorsteher, fiel vor ihm nieder und sagte: Meine Tochter ist eben gestorben; komm doch, leg ihr deine Hand auf, dann wird sie wieder lebendig. Als Jesus in das Haus des Synagogenvorstehers kam und die Flötenspieler und die Menge der klagenden Leute sah, sagte er: Geht hinaus! Das Mädchen ist nicht gestorben, es schläft nur. Als man die Leute hinausgedrängt hatte, trat er ein und fasste das Mädchen an der Hand; da stand es auf." *(Mt 9,18.23ff)*

Gesätz Gegrüßet seist du, Maria …

Schrifttext (3) Als Jesus ankam, fand er Lazarus schon vier Tage im Grab liegen. Viele Juden waren zu Marta und Maria gekommen, um sie wegen ihres Bruders zu trösten. Als Marta hörte, dass Jesus komme, ging sie ihm entgegen, Maria aber blieb im Haus. Marta sagte zu Jesus: Herr, wärst du hier gewesen, dann wäre mein Bruder nicht gestorben. Aber auch jetzt weiß ich: Alles, worum du Gott bittest, wird Gott dir geben. Jesus sagte zu ihr: Dein Bruder wird auferstehen. *(Joh 11,17.19–23)*

Gesätz Gegrüßet seist du, Maria …

Schrifttext (4) Marta sagte zu ihm: Ich weiß, dass er auferstehen wird bei der Auferstehung am Letzten Tag. Jesus erwiderte ihr: Ich bin die Auferstehung und das Leben. Wer an mich glaubt, wird leben, auch wenn er stirbt, und jeder, der lebt und an mich glaubt, wird auf ewig nicht sterben. Glaubst du das? Marta antwortete ihm: Ja, Herr, ich glaube, dass du der Messias bist, der Sohn Gottes, der in die Welt kommen soll. *(Joh 11,24–27)*

Gesätz Gegrüßet seist du, Maria …

Schrifttext (5) Jesus aber erhob seine Augen und sprach: Vater, ich danke dir, dass du mich erhört hast. Nachdem er dies gesagt hatte, rief er mit lauter Stimme: Lazarus, komm heraus! Da kam der Verstorbene heraus; seine Füße und Hände waren mit Binden umwickelt, und sein Gesicht war mit einem Schweißtuch verhüllt. Jesus sagte zu ihnen: Löst ihm die Binden und lasst ihn weggehen! *(Joh 11,41b–44)*

Gesätz	Gegrüßet seist du, Maria ...
Schrifttext	(6) Als Jesus nach Jerusalem hinaufzog, nahm er unterwegs die zwölf Jünger beiseite und sagte zu ihnen: Wir gehen jetzt nach Jerusalem hinauf; dort wird der Menschensohn den Hohenpriestern und Schriftgelehrten ausgeliefert; sie werden ihn zum Tod verurteilen und den Heiden übergeben, damit er verspottet, gegeißelt und gekreuzigt wird; aber am dritten Tag wird er auferstehen." *(Mt 20,17ff)*
Gesätz	Gegrüßet seist du, Maria ...
Schrifttext	(7) Einer der Verbrecher, die neben ihm hingen, verhöhnte ihn: Bist du denn nicht der Messias? Dann hilf dir selbst und auch uns! Der andere aber wies ihn zurecht und sagte: Nicht einmal du fürchtest Gott? Dann sagte er: Jesus, denk an mich, wenn du in dein Reich kommst. Jesus antwortete ihm: Amen, ich sage dir: Heute noch wirst du mit mir im Paradies sein. *(Lk 23,39–40a.42f)*
Gesätz	Gegrüßet seist du, Maria ...
Schrifttext	(8) In der neunten Stunde rief Jesus mit lauter Stimme: Eloï, Eloï, lema sabachtani?, das heißt übersetzt: Mein Gott, mein Gott, warum hast du mich verlassen? Einige von denen, die dabeistanden und es hörten, sagten: Hört, er ruft nach Elija! Einer lief hin, tauchte einen Schwamm in Essig, steckte ihn auf einen Stock und gab Jesus zu trinken. Jesus aber schrie laut auf. Dann hauchte er den Geist aus. Da riss der Vorhang im Tempel von oben bis unten entzwei. Als der Hauptmann, der Jesus gegenüberstand, ihn auf diese Weise sterben sah, sagte er: Wahrhaftig, dieser Mensch war Gottes Sohn. *(Mk 15,34–39)*
Gesätz	Gegrüßet seist du, Maria ...

Schrifttext	(9) Am ersten Tag der Woche gingen die Frauen mit den wohlriechenden Salben, die sie zubereitet hatten, in aller Frühe zum Grab. Da sahen sie, dass der Stein vom Grab weggewälzt war; sie gingen hinein, aber den Leichnam Jesu, des Herrn, fanden sie nicht. Während sie ratlos dastanden, traten zwei Männer in leuchtenden Gewändern zu ihnen. Die Frauen erschraken und blickten zu Boden. Die Männer aber sagten zu ihnen: Was sucht ihr den Lebenden bei den Toten? Er ist nicht hier, sondern er ist auferstanden. *(Lk 24,1–6a)*
Gesätz	Gegrüßet seist du, Maria ...
Schrifttext	(10) Acht Tage darauf waren seine Jünger wieder versammelt und Thomas war dabei. Die Türen waren verschlossen. Da kam Jesus, trat in ihre Mitte und sagte: Friede sei mit euch! Dann sagte er zu Thomas: Streck deinen Finger aus – hier sind meine Hände! Streck deine Hand aus und leg sie in meine Seite und sei nicht ungläubig, sondern gläubig! Thomas antwortete ihm: Mein Herr und mein Gott! *(Joh 20,26 ff)*
Gesätz	Gegrüßet seist du, Maria ...

Jesus,
der unser Herr
ist

Rosenkranzandachten
zu den neutestamentlichen Briefen

16
Rosenkranzandacht zu Röm 8,31–39

1. Jesus, den der Vater hingab für uns alle
2. Jesus, in dem Gott uns alles schenken will
3. Jesus, der zur Rechten Gottes sitzt und für uns eintritt
4. Jesus, von dessen Liebe uns nichts scheiden kann
5. Jesus, in dem wir alles überwinden

Eröffnung

Lied GL 577 (Maria, Mutter unsres Herrn)

Einführung Maria hat uns den Urheber des Heils geboren, sie will uns zu ihm führen und uns ihn immer wieder vor Augen stellen: Jesus Christus, dessen Namen wir tragen. Im Rosenkranzgebet können wir über ihn und seine Beziehung zu uns nachsinnen – wie auch über unsere Beziehung zu ihm. Ein Abschnitt aus dem Römerbrief kann uns dabei helfen; einzelne Aussagen daraus sollen unser Gebet leiten. Rufen wir zu ihm, um den wir uns versammelt haben und der unsere Mitte ist.

Kyrie-Rufe Herr Jesus, Sohn Davids, erbarme dich unser: Kyrie eleison.
Du Bruder der Menschen, Sohn Mariens, erbarme dich unser: Christe eleison.
Herr, Christus, Sohn Gottes, erbarme dich unser: Kyrie eleison.

Schriftlesung Röm 8,31–39

1. Jesus, den der Vater hingab für uns alle

Schriftwort   Gott hat seinen eigenen Sohn nicht verschont, sondern ihn für uns alle hingegeben.

Impuls   „O unfassbare Liebe des Vaters: Um den Knecht zu erlösen, gabst du den Sohn dahin", heißt es im Exsultet der Osternacht. In der antiken Familienordnung war der Sohn das Wertvollste, der Knecht das Geringste. Wie kann jemand das Wertvollste geben, um das Geringste zu erwerben? Es ist die Liebe, die solches veranlasst. Es ist ein Geheimnis, warum Gott uns so sehr liebt, „dass er seinen einzigen Sohn hingab, damit jeder, der an ihn glaubt, nicht zugrunde geht, sondern das ewige Leben hat" *(Joh 3,16)*. Wichtig ist jedenfalls, dass uns diese Liebe des Vaters immer wieder deutlich vor Augen steht und dass wir so nie vergessen, wie viel Gott es sich kosten ließ, um uns aus der Verlorenheit der Sünde zu retten und uns zu seinen geliebten Kindern zu machen.
Beten wir mit Maria um das immer tiefere Begreifen dieser Liebe Gottes.

Gesätz   Jesus, den der Vater hingab für uns alle

Lied   GL 154 (Dankt dem Vater mit Freude)

2. Jesus, in dem Gott uns alles schenken will

Schriftwort   Wie sollte Gott uns mit ihm, Jesus Christus, nicht alles schenken?

Impuls   Wir Menschen tun uns nicht immer leicht mit Geschenken. Nicht selten suchen wir nach Möglichkeiten, es dem Schenkenden zurückzuzahlen; unser Stolz verbietet uns in der Schuld des anderen stehen. Gilt das nur für die Geschenke von Menschen und nicht bisweilen auch für Gott? Er beschenkt uns mit seinen Gaben – im Letzten mit dem ewigen Leben, und von Anfang an tut er es nicht aus Berechnung, sondern aus Liebe! Wurden wir etwa getauft, weil wir vor Gott eine Leistung vorweisen konnten? Nein, es geschah, weil Gott uns liebt! So schenkt er uns schon zu Beginn das ewige Leben, gleichsam als Samenkorn, und immer wieder geht Gottes Liebe die Wege unseres Lebens – auch die Irrwege – mit, um uns stets von neuem mit seiner erbarmenden Liebe zu beschenken. Jesus hat uns darüberhinaus gesagt, dass wir auch um die anderen Dinge für unser Leben bitten dürfen, und zwar in seinem Namen. Was wir von ihm und durch ihn erbitten, das wird der Vater uns geben *(vgl. Joh 16,24)*.

Bitten wir mit Maria, der von Gott so reich Beschenkten, dass auch wir seine Liebe annehmen lernen.

Gesätz   Jesus, in dem Gott uns alles schenken will

Lied   GL 300,1.4 (Solang es Menschen gibt auf Erden)

3. Jesus, der zur Rechten Gottes sitzt und für uns eintritt

Schriftwort   Christus Jesus, der gestorben ist, mehr noch: der auferweckt worden ist, sitzt zur Rechten Gottes und tritt für uns ein.

Impuls   Christus wurde auferweckt und ist zum Vater heimgekehrt. „Er sitzt zur Rechten des Vaters und wird wiederkommen in Herrlichkeit, zu richten die Lebenden und die Toten" sagt das Große Glaubensbekenntnis. Dieses Sitzen zur Rechten Gottes ist aber kein Ruhen, sondern höchstes Eintreten für uns; das bekennt der Hebräerbrief *(Hebr 7,25)* ebenso wie unsere Stelle; seine „Lebensaufgabe" ist es, für uns einzutreten, vor allem für uns als Sünder, denn – so der Verfasser des Ersten Johannesbriefes: „Meine Kinder, ich schreibe euch dies, damit ihr nicht sündigt. Wenn aber einer sündigt, haben wir einen Beistand beim Vater: Jesus Christus, den Gerechten" *(1 Joh 2,1)*.

Bitten wir mit Maria, die die Menschen an ihren Sohn verwies, dass wir auf ihn vertrauen lernen.

Gesätz	Jesus, der zur Rechten Gottes sitzt und für uns eintritt
Lied	GL 291,1.3 (Wer unterm Schutz des Höchsten steht)

4. Jesus, von dessen Liebe uns nichts scheiden kann

Schriftwort Was kann uns scheiden von der Liebe Christi? Bedrängnis oder Not oder Verfolgung, Hunger oder Kälte, Gefahr oder Schwert?

Impuls So schreibt Paulus, und zwar nicht als Theoretiker, sondern als einer, der all die aufgezählten Misslichkeiten am eigenen Leib erdulden musste. Schon Psalm 139 bekennt ja: Wo ich auch bin, wohin immer ich gehe, bist du bei mir. Was immer mir widerfährt und wonach immer ich mich sehne: Ich soll sehen lernen, dass ohne Christus alles im Letzten leer und sinnlos ist, dass ich hingegen selbst dann, wenn es mir an vielem, ja an allem mangelt, in Wahrheit reich bin, wenn ich in tiefer Verbundenheit mit Christus lebe.
Der heilige. Augustinus hat das wohl begriffen, wenn er schreibt: „Gott, von dir sich abwenden heißt fallen, zu dir sich hinwenden heißt auferstehen. In dir bleiben heißt sicheren Bestand haben. Gott, dich verlassen heißt sterben. Zu dir heimkehren heißt neu zum Leben erwachen. In dir weilen heißt leben."
Beten wir mit Maria um die Kraft, auch das Schwert, das durch unser Herz geht, zu ertragen.

Gesätz Jesus, von dessen Liebe uns nichts scheiden kann

Lied GL 663 (Weder Tod noch Leben) *oder*
CL 662,1 7 (Christus, der ist mein Leben)

5. Jesus, in dem wir alles überwinden

Schriftwort   All das überwinden wir durch den, der uns geliebt hat

Impuls   Warum überwinden wir in Jesus alles? Weil er uns geliebt hat, ja immer noch und bis ans Ende unserer Tage liebt. „Wirf deine Sorge auf den Herrn, er hält dich aufrecht! Er lässt den Gerechten niemals wanken" beten wir mit dem Psalmisten *(Ps 5,23)*. Wenn es um mich herum eng und dunkel wird, wenn ich mich einsam und verlassen fühle, wenn alle und alles gegen mich arbeitet, soll ich dennoch niemals den vergessen, der mich begleitet in jedem Augenblick meines Lebens und er in der heiligen Eucharistie meine Speise wird, damit ich die Wege meines Lebens mutig und treu gehen kann.
Beten wir mit Maria um die Gabe, unser Leben ganz aus der Beziehung zu Gott und Jesus Christus zu gestalten.

Gesätz   Jesus, in dem wir alles überwinden

Lied   GL 304 (Zieh an die Macht)

Abschluss   Wir haben mit Maria gebetet, dass wir das Geheimnis der Liebe Gottes, die uns in Christus geschenkt ist, immer tiefer erfassen. Rufen wir nun zu ihr, der Schwester aller Glaubenden, Suchenden und Hoffenden.

Litanei   GL 783,5

Schlussgebet   Guter Gott und Vater, wir danken dir, dass du dich der Menschen so sehr annimmst und uns in deinem Sohn Jesus Christus so nahe bist. Lass uns wie Maria immer darauf vertrauen, dass du es gut mit uns meinst, in den hellen wie in den dunklen Stunden unseres Lebens. Darum bitten wir durch Jesus Christus, der unser Bruder ist und unser Herr.

Lied   GL 589 (Alle Tage sing und sage)

17
Rosenkranzandacht zum Phil 2,6–11

1. Jesus, der Gott gleich war
2. Jesus, der ein Mensch wurde wie wir
3. Jesus, der gehorsam war bis zum Tod am Kreuz
4. Jesus, den der Vater über alle erhöht hat
5. Jesus, vor dessen Namen alle ihre Knie beugen

Eröffnung

Lied GL 594,1.4 (Maria, dich lieben)

Einführung Wir heißen Christen, weil wir nach Jesus Christus benannt sind. Dieser Name ist auch ein Auftrag: „Seid untereinander so gesinnt", sagt der Apostel Paulus, „wie es dem Leben in Christus Jesus entspricht!" Kurz und prägnant fasst er dann das Leben Christi in seinem Brief an die Philipper in einem kurzen Hymnus zusammen: Der ewige Sohn Gottes wurde uns Menschen gleich, litt und starb am Kreuz – erstand aber aus dem Tod und wurde von Gott erhöht. Das ist die alles entscheidende Tat Gottes in Jesus Christus, für die ihm alle Ehre von uns Menschen gebührt.
Sinnen wir nun mit dem Apostel Paulus und mit Maria über diesen Weg Jesu nach unten nach, der zu seinem und unserem Weg nach oben wurde!

Schriftlesung Phil 2,5–11

Lied GL 294,5

1. Jesus, der Gott gleich war

Impuls Dass Jesus Christus Gott gleich war, ist ein Geheimnis, das wir niemals hätten lüften können, hätte er nicht selbst darüber gesprochen. „Mir ist von meinem Vater alles übergeben worden; niemand kennt den Sohn, nur der Vater, und niemand kennt den Vater, nur der Sohn und der, dem es der Sohn offenbaren will" lesen wir bei Matthäus *(Mt 11,27)*.

„Amen, amen, ich sage euch: Noch ehe Abraham wurde, bin ich" sagt Jesus den Juden *(Joh 8,58)*; ein andermal „Ich und der Vater sind eins" *(Joh 10,30)*, und dem Philippus sagt er: „Wer mich gesehen hat, hat den Vater gesehen" *(Joh 14,9)*.

„Maria aber bewahrte alles, was geschehen war, in ihrem Herzen und dachte darüber nach" schreibt Lukas *(Lk 2,19)*. Auch für Maria war die Person Jesu wohl immer wieder voller Rätsel. Denken wir mit ihr über das Geheimnis ihres Sohnes nach.

Gesätz Jesus, der Gott gleich war

2. Jesus, der ein Mensch wurde wie wir

Lied GL 116,1.3 (Gott, heilger Schöpfer aller Stern)

Impuls „Und das Wort ist Fleisch geworden und hat unter uns gewohnt" – mit diesen Worten im Prolog seines Evangeliums umschreibt Johannes das unfassbare Geheimnis, dass Gottes ewiger Sohn ein sterblicher Mensch wurde. In seinem ersten Brief wiederholt und bekräftigt er es noch einmal: „Was von Anfang an war, was wir gehört haben, was wir mit unseren Augen gesehen, was wir geschaut und was unsere Hände angefasst haben, das verkünden wir: das Wort des Lebens" *(1 Joh 1,1)*. Für uns ist der Glaube an die wahre Menschheit Jesu eine vielleicht allzu große Selbstverständlichkeit. Aber sie bedeutet: Jesus Christus kennt menschliches Leben mit seinen Erfolgen, mit seinen Versuchungen und seinem Versagen und vor allem menschliches Leid nicht nur vom Hörensagen, sondern aus eigener Erfahrung. Ein großer Trost ist darum, was im Hebräerbrief steht: „Wir haben ja nicht einen Hohenpriester, der nicht mitfühlen könnte mit unserer Schwäche, sondern einen, der in allem wie wir in Versuchung geführt worden ist, aber nicht gesündigt hat. Lasst uns also voll Zuversicht hingehen zum Thron der Gnade, damit wir Erbarmen und Gnade finden und so Hilfe erlangen zur rechten Zeit" *(Hebr 4,15f)*. Nehmen wir mit Maria voll Vertrauen unsere Zuflucht zu Jesus, der uns gleich wurde.

Gesätz Jesus, der ein Mensch wurde wie wir

3. Jesus, der gehorsam war bis zum Tod am Kreuz

Lied GL 553 (Du König auf dem Kreuzesthron)

Schrifttext Als er auf Erden lebte, hat er mit lautem Schreien und unter Tränen Gebete und Bitten vor den gebracht, der ihn aus dem Tod retten konnte, und er ist erhört und aus seiner Angst befreit worden. Obwohl er der Sohn war, hat er durch Leiden den Gehorsam gelernt; zur Vollendung gelangt, ist er für alle, die ihm gehorchen, der Urheber des ewigen Heils geworden. *(Hebr 5,7ff)*.

Impuls Auch Jesus musste Gehorsam lernen. Deutlich zeigt sich das am Ölberg: „Mein Vater, wenn es möglich ist, gehe dieser Kelch an mir vorüber", betet er von Todesangst erfüllt. Schnell jedoch besinnt er sich auf seine Sendung, die er vom Vater hat: „Aber nicht wie ich will, sondern wie du willst" *(Mt 26,39)*. Dazu ist er ja in diese Stunde gekommen: durch sein Leiden und Sterben den Schuldschein, der gegen uns alle sprach, zu tilgen. Auch Maria war dem Willen Gottes gehorsam. Erbitten wir uns zusammen mit ihr die Kraft, in den Kreuzwegstunden unseres Lebens ja sagen zu können zum Willen Gottes.

Gesätz Jesus, der gehorsam war bis zum Tod am Kreuz

4. Jesus, den der Vater über alle erhöht hat

Lied   GL 229,1–3 (Ihr Christen, hoch erfreuet euch)

Schrifttext   Niemand ist in den Himmel hinaufgestiegen außer dem, der vom Himmel herabgestiegen ist: der Menschensohn. Und wie Mose die Schlange in der Wüste erhöht hat, so muss der Menschensohn erhöht werden, damit jeder, der (an ihn) glaubt, in ihm das ewige Leben hat. *(Joh 3,13f)*

Impuls   „Denn wer sich selbst erhöht, wird erniedrigt, und wer sich selbst erniedrigt, wird erhöht werden" sagt Jesus *(Lk 14,14)*. Er sagt es nicht nur, er hat es uns selber vorgelebt. Seine Erniedrigung beginnt mit der Menschwerdung des ewigen Wortes Gottes, sie setzt sich fort in seinem Leben, das er den Geringsten und Erniedrigten gewidmet hat, und gipfelt in seinem schmachvollen Kreuzestod. Der Evangelist Johannes sieht aber nicht nur das Leiden, sondern am Kreuz auch zugleich die Erhöhung Jesu. Das ist ein großes Geheimnis: In der scheinbaren Erniedrigung schauen wir in Wahrheit die Liebe Gottes zu uns, die uns erhebt. Wenn wir dies glauben und Christus folgen in seiner Gesinnung, wird er uns zu sich führen, wie er sagte: „Wenn ich über die Erde erhöht bin, werde alle an mich ziehen" (Joh 12,32).
Wir erkennen deutlich: Für uns hat Jesus das getan, für uns wurde er arm, damit wir reich würden. Nun ist er uns in die Herrlichkeit des Himmels vorausgegangen, um uns – wie Maria – einen Platz zu bereiten.

Gesätz   Jesus, den der Vater über alle erhöht hat

5. Jesus, vor dessen Namen alle ihre Knie beugen

Lied GL 544,5 (Das Geheimnis lasst uns künden)

Schrifttext Als die Sterndeuter den Stern sahen, wurden sie von sehr großer Freude erfüllt. Sie gingen in das Haus und sahen das Kind und Maria, seine Mutter; da fielen sie nieder und huldigten ihm. *(Mt 2,10–11)*

Impuls Es ist ein bisschen aus der Mode gekommen, das Beugen der Knie und das Knien vor Jesus, dem Herrn, gegenwärtig in den eucharistischen Gestalten. Aber bringt es, richtig verstanden, nicht eine tiefe Wahrheit zum Ausdruck? Ohnmächtig und klein bin ich vor dem erhöhten Herrn, der sich in seinem Erdenleben nicht scheute, sich herabzubeugen zu den Kleinen, Geringen und Verachteten, zur leidenden, geknechteten Schöpfung!
Jesus, lass uns wie deine Mutter Maria im Magnificat erkennen und bekennen, dass wir groß werden, wenn wir vor dir unser Knie beugen!

Gesätz Jesus, vor dessen Namen alle ihre Knie beugen

Abschluss – Aussetzung mit Eucharistischem Segen

Zur Übertragung
GL 547 (Das Heil der Welt)

Anbetung GL 781,8 (König der Herrlichkeit)

Lied GL 541 (Tantum ergo)

Oration und Eucharistischer Segen

Lied GL 586,1–3 (Gruß dir, Mutter)

18
Rosenkranzandacht zu 1 Tim 3,16

1. Jesus, offenbart im Fleisch
2. Jesus, gerechtfertigt durch den Geist
3. Jesus, geschaut von den Engeln
4. Jesus, verkündet unter den Heiden und geglaubt in der Welt
5. Jesus, aufgenommen in die Herrlichkeit

Eröffnung

Lied GL 290,1.3 (Gott wohnt in einem Lichte)

Einführung Vom „Geheimnis unseres Glaubens" sprechen und singen wir im Gottesdienst. Es handelt sich dabei nicht um ein Geheimnis wie einen verborgenen Schatz. „Geheimnis" ist vielmehr Gott selbst, der unschaubare und unfassbare, dem kein Mensch nahen kann, ohne zugrunde zu gehen. Er hat sich aber selbst und sein Wesen in Jesus Christus erfahrbar und greifbar gemacht, den uns Maria geboren hat. Doch auch Jesus Christus ist „Geheimnis", weil er nicht nur ein besonderer Mensch ist, sondern auch Gott von Gott. Diesem Geheimnis wollen wir im Gebet des Rosenkranzes nachspüren anhand einiger Aussagen, die Paulus im ersten Brief an Timotheus gemacht hat. Er schreibt: „Wahrhaftig, das Geheimnis unseres Glaubens ist groß:
Er wurde offenbart im Fleisch,
gerechtfertigt durch den Geist,
geschaut von den Engeln,
verkündet unter den Heiden, geglaubt in der Welt,
aufgenommen in die Herrlichkeit."

1. Jesus, offenbart im Fleisch

Lied   GL 144,4 (Jauchzet, ihr Himmel)

Impuls   „Gott ist im Fleische. Wer kann dies Geheimnis verstehen? Hier ist die Pforte des Lebens nun offen zu sehen" haben wir eben gesungen. Dass Christus im Fleisch gekommen, einer von uns geworden ist, war den Christen ganz wichtig. Menschen war es geschenkt, das fleischgewordene Wort Gottes zu schauen: den Hirten auf den Feldern von Betlehem, den Weisen aus dem Osten, Simeon und Hanna, Johannes dem Täufer, seinen Jüngern, allen, die mit ihm in Berührung kamen.
Wir können ihn in dieser Unmittelbarkeit von Angesicht zu Angesicht nicht mehr schauen, und doch ist er in seinem Fleisch und Blut mitten unter uns; in seinen Sakramenten will er uns berühren, uns heilen und heiligen.
Beten wir mit Maria um den festen Glauben für alle Christen, dass der Menschgewordene und Auferstandene mitten unter ihnen ist, wo immer sie sich in seinem Namen versammeln.

Gesätz   Jesus, der im Fleisch offenbart wurde

2. Jesus, gerechtfertigt durch den Geist

Lied   GL 249,3 (Der Geist des Herrn) *oder*
GL 635,1 (Ich bin getauft)

Impuls   Als Jesus sich von Johannes im Jordan taufen ließ, sah er, dass der Himmel sich öffnete und der Geist wie eine Taube auf ihn herabkam. Und eine Stimme aus dem Himmel sprach: „Du bist mein geliebter Sohn, an dir habe ich Gefallen gefunden." So berichtet der Evangelist Markus. Vor allem Beginn des öffentlichen Wirkens Jesu steht das Zeugnis seines Vaters im Heiligen Geist. Jesus selbst verheißt diesen Geist seinen Jüngern als Beistand aus der Höhe vor seinem Leiden und noch

einmal vor seiner Himmelfahrt; am Pfingsttag löst er dieses Versprechen ein. Die Geistsendung ist der Abschluss des Erlösungswerkes, die Besiegelung und Bestätigung des Wirkens Jesu. Was wir glauben und verkünden, ist kein Hirngespinst, nichts von Menschen Erdichtetes. Der Geist, dessen Kraft das Wirken Christi und auch die Verkündigung seiner Apostel getragen hat, liegt seit der Taufe und Firmung auch auf uns und sendet uns, Zeugnis zu geben durch unser Leben.
Beten wir für alle, denen die Botschaft von Jesus, dem Christus, verkündet wird, um offene Ohren und ein geisterfülltes Herz!

Gesätz Jesus, gerechtfertigt durch den Geist

3. Jesus, geschaut von den Engeln

Lied GL 605,1.3 (Gott, aller Schöpfung heilger Herr)

Impuls Jesus Christus ist nicht nur wahrer Mensch, er ist auch wahrer Gott. Wie die Engel vor Gottes Thron stehen, so dienen sie auch ihm, dem gleichanfanglosen Wort des Vaters. Immer wieder berichten uns die Evangelien von Engeln im Zusammenhang mit Jesus: Engel verkünden den Hirten auf dem Feld seine Geburt in der Stadt Davids; als der Versucher von ihm abließ, kamen Engel und dienten ihm; ein Engel vom Himmel erscheint ihm im Garten Getsemani und gibt ihm neue Kraft; Engel verkünden den Frauen, dass er auferstanden ist und geben ihnen den Auftrag, dies seinen Jüngern zu melden; die Engel werden zusammen mit ihm zum Weltgericht kommen – und wie die Engel im Himmel das Angesicht seines himmlischen Vaters sehen, so schauen sie auch den Sohn Gottes. Wenn wir Gottesdienst feiern, dann feiern mit uns die unsichtbaren Scharen der Engel, in deren Gesang wir einstimmen, wenn wir das „Heilig, heilig, heilig" singen. Es ist ein großes Geheimnis, das uns mit Ehrfurcht erfüllen sollte.

Beten wir, dass wir wie Maria offen sind für die Botschaft der Engel und mit ihnen und der Gottesmutter einst Gott schauen dürfen von Angesicht zu Angesicht.

Gesätz   Jesus, geschaut von den Engeln

4. Jesus, verkündet unter den Heiden und geglaubt in der Welt

Lied   GL 297,1.4 (Gott liebt diese Welt) *oder*
GL 640,1–3 (Gott ruft sein Volk zusammen)

Impuls   Jesus selber weiß sich „nur zu den verlorenen Schafen des Hauses Israel gesandt" *(Mt 15,24)* und sendet auch seine Jünger (zunächst) nur zu diesen. An diesem Auftrag des Herrn halten die Apostel auch nach Pfingsten noch fest. Wohin sie auch kommen, zuerst gehen sie in die jüdische Synagoge – bis Paulus in Antiochia erklärt: „Euch musste das Wort Gottes zuerst verkündet werden. Da ihr es aber zurückstoßt und euch des ewigen Lebens unwürdig zeigt, wenden wir uns jetzt an die Heiden" *(Apg 13,46)*. Und die Heiden, das heißt: die Völker, nahmen dieses Wort an! Von da an wird das Evangelium verkündet, ausgehend von Antiochien, über Kleinasien, Griechenland und Rom bis an die Enden der Erde. So kam es auch zu uns. Jesus Christus ist Gottes Sohn für alle Menschen, weil Gott sein Heil für die ganze Welt bereithält.
Beten wir in diesem Gesätz für alle, denen die Frohe Botschaft verkündet wird, dass sie sie in Freude aufnehmen und durch ihr Leben Gott preisen!

Gesätz   Jesus, verkündet unter den Heiden und geglaubt in der Welt

5. Jesus, aufgenommen in die Herrlichkeit

Lied   GL 229,1–3 (Ihr Christen, hoch erfreuet euch)

Impuls   Vor seiner Steinigung sah Stephanus, als er zum Himmel emporblickte, „die Herrlichkeit Gottes und Jesus zur Rechten Gottes stehen" *(Apg 7,55)*. „Herrlichkeit" ist ein anderes Wort für Gottes Größe, Macht und Schönheit. Die Aufnahme Jesu in die Herrlichkeit ist also seine Heimkehr zum Vater, dorthin, von wo er ausgegangen ist: Er war wie Gott, hielt aber nicht daran fest, sondern wurde ein Mensch wie wir, bis in den Tod am Kreuz hinein uns gleich. Doch Gott ließ ihn nicht im Tod, sondern hat ihn zu sich ein seine Herrlichkeit erhöht. Diese Herrlichkeit und Jesus in ihr, das heißt in seiner göttlichen Macht, sollen wir alle einst schauen, ja mehr noch: Jesus will sie uns geben bzw. hat sie uns schon geschenkt. In jeder Eucharistie erhalten wir Anteil davon – unscheinbar, doch wirklich: Geheimnis des Glaubens, der im Lauf des Lebens wie ein Samenkorn erst zur Reife heranwachsen muss.

Beten wir in diesem Gesätz für alle, die wegen ihres Glaubens Leiden und Verfolgung erdulden müssen, dass ihnen der Blick auf Jesu Herrlichkeit Kraft zum Durchhalten schenkt.

Gesätz   Jesus, aufgenommen in die Herrlichkeit

Abschluss

Lied GL 261 (Den Herren will ich loben)

In die Herrlichkeit des Himmels ist Maria erhöht; sie wurde von Gott groß gemacht, weil sie sich nicht gescheut hat, sich klein zu machen, um dem lebendigen Gott Raum in sich zu geben. Geheimnis des Glaubens. So wollen wir beten:

Gebet GL 783,7
ab „Großes wird von dir gesagt" *bis* „unser Ziel erreichen. Durch Christus, unseren Herrn."

Segen und Entlassung

Schlusslied GL 290,5

19
Rosenkranzandacht zum Hebräerbrief

1. Jesus, der uns seine Brüder und Schwestern nennt
2. Jesus, der unser Fleisch und Blut annahm
3. Jesus, der unsere Versuchungen und Leiden kennt
4. Jesus, der durch Leiden den Gehorsam gelernt hat
5. Jesus, der zum Urheber des Heiles geworden ist

Eröffnung

Lied   GL 594,1.3.5 (Maria, dich lieben)

Einführung   Wir schauen oft auf zu Jesus Christus als dem Sohn Gottes, dem erhöhten Herrn, dem Richter, der kommen wird. Doch Christus ist auch unser menschlicher Bruder, einer, der wie wir das menschliche Leben in seinen Höhen und Tiefen durchschritt und durchlitt. Der Hebräerbrief des Neuen Testaments schildert Jesus gerade auch von dieser Seite her. Darüber wollen wir im Rosenkranzgebet nachsinnen. Maria, die das irdische Leben in all seinen Freuden und Nöten durchlebt hat, kann unser Beten begleiten.

Andachtsteil   GL 773,2

Gebet   Gott, es war dein Wille, dass dein Sohn Mensch werde aus Maria, der Jungfrau, um uns zu erlösen und zu dir zu führen. Wir schauen auf sein Leben, das er als Mensch unter Menschen führte. Lass uns, so bitten wir dich, daraus lernen, wie auch wir vor dir so leben können, dass wir einst mit ihm vereint zum Heil gelangen. Darum bitten wir durch ihn, Christus, der unser Bruder ist und unser Herr.

1. Unser aller Bruder

Lied GL 617,1 (Nahe wollt der Herr uns sein)

Schrifttext Denn er, der heiligt, und sie, die geheiligt werden, stammen alle von Einem ab; darum scheut er sich nicht, sie Brüder zu nennen und zu sagen: Ich will deinen Namen meinen Brüdern verkünden, inmitten der Gemeinde dich preisen; und ferner: Ich will auf ihn mein Vertrauen setzen; und: Seht, ich und die Kinder, die Gott mir geschenkt hat. *(Hebr 2,11–13)*

Impuls Wir haben oft eine Scheu, uns Menschen zuzuwenden, die einer wesentlich niedrigeren sozialen Stufe angehören als wir. Vielleicht geht es bei denen nicht so sauber und gepflegt zu wie bei uns, wir haben Angst, uns schmutzig zu machen, es könnte etwas auf uns abfärben – auch im übertragenen Sinn.
Jesus hatte diese Scheu nicht; was der Verfasser des Hebräerbriefes später erkennt, weiß er von Ewigkeit: dass wir alle von Einem abstammen; der Vater Jesu ist auch unser Vater *(vgl. Joh 20,17)*, und er ist gekommen, uns, seinen Brüdern und Schwestern den Namen Gottes zu verkünden und uns zu heiligen.
Wenn Gottes Sohn sich uns zugeneigt hat, uns seine Brüder und Schwestern nennt, dürfen wir mit großer Zuversicht zu ihm kommen mit allem, was wir auf dem Herzen haben.
Beten wir in diesem Gesätz für alle, die noch keinen vertrauensvollen Zugang zu Jesus finden konnten.

Gesätz Jesus, der uns seine Brüder und Schwestern nennt

2. Unser Fleisch und Blut

Lied GL 617,2

Schrifttext Da nun die Kinder Menschen von Fleisch und Blut sind, hat auch er in gleicher Weise Fleisch und Blut angenommen, um durch seinen Tod den zu entmachten, der die Gewalt über den Tod hat, nämlich den Teufel, und um die zu befreien, die durch die Furcht vor dem Tod ihr Leben lang der Knechtschaft verfallen waren. […] Darum musste er in allem seinen Brüdern gleich sein, um ein barmherziger und treuer Hoherpriester vor Gott zu sein und die Sünden des Volkes zu sühnen. Denn da er selbst in Versuchung geführt wurde und gelitten hat, kann er denen helfen, die in Versuchung geführt werden. *(Hebr 2,14–18)*

Impuls „Er hat wie wir als Mensch gelebt, in allem uns gleich außer der Sünde", beten wir im Hochgebet. Das ist ihm nicht „passiert", er wollte bewusst uns Menschen aus Fleisch und Blut gleich sein. Als Mensch ist der Sohn Gottes herumgewandert, hat gepredigt in verständlichen Gleichnissen, hat Leiden und Beschwernisse der Menschen gelindert, hat sich das Leiden und den Tod nicht erspart, in seinem Leib ist er auferstanden und zum Vater heimgekehrt als unser Fürsprecher. Zugleich bleibt er in seinem geheimnisvollen Leib, der Kirche, bei uns. „Da schreitet Christus durch die Zeit in seiner Kirche Pilgerkleid", singen wir im Lied *(GL 249,4)*.
Beten wir in diesem Gesätz für alle, die das Todesleiden Jesu *(vgl. 2 Kor 4,10)* an ihrem Leib tragen, dass in ihnen die Hoffnung auf das Leben Jesu nicht erlischt.

Gesätz Jesus, der unser Fleisch und Blut annahm

3. Unseren Versuchungen und Leiden ausgesetzt

Lied GL 617,3

Schrifttext Da wir nun einen erhabenen Hohenpriester haben, der die Himmel durchschritten hat, Jesus, den Sohn Gottes, lasst uns an dem Bekenntnis festhalten. Wir haben ja nicht einen Hohenpriester, der nicht mitfühlen könnte mit unserer Schwäche, sondern einen, der in allem wie wir in Versuchung geführt worden ist, aber nicht gesündigt hat. Lasst uns also voll Zuversicht hingehen zum Thron der Gnade, damit wir Erbarmen und Gnade finden und so Hilfe erlangen zur rechten Zeit. *(Hebr 4,14–15)*

Impuls Noch vor Beginn seines öffentlichen Wirkens tritt der Versucher an Jesus heran: Mach aus diesen Steinen Brot!, sagt er. Das heißt: Mach Gebrauch von deiner göttlichen Macht! Stürz dich hinab von der Zinne des Tempels, fordere Gottes Eingreifen heraus! Wirf dich vor mir nieder – erhebe ein Geschöpf und die Dinge der Welt zu deinem Gott!
Jesus widersteht all diesen Versuchungen, er schlägt den Teufel mit den Waffen, die dieser anwendet: mit Worten der Heiligen Schrift, nur nicht in ihrem Sinn verdreht *(vgl. Mt 4,1–10)*. Die Versuchungen begleiten Jesus wohl bis zu seinem Tod, und erst recht das Leiden! Vielleicht war es seine größte Versuchung, vom Garten Getsemani aus den Ölberg zu überqueren und in der Wüste zu verschwinden, sich das Leiden zu ersparen. Er besinnt sich auch da, damit nicht sein, sondern des Vaters Wille geschehe.
Beten wir dieses Gesätz für alle, die in ihrem Leben schwere Versuchungen ausgesetzt sind, dass sie erkennen: Jesus kann und wird mir helfen.

Gesätz Jesus, der unsere Versuchungen und Leiden kennt

4. Gehorsam

Lied GL 617,4

Schrifttext Als er auf Erden lebte, hat er mit lautem Schreien und unter Tränen Gebete und Bitten vor den gebracht, der ihn aus dem Tod retten konnte, und er ist erhört und aus seiner Angst befreit worden. Obwohl er der Sohn war, hat er durch Leiden den Gehorsam gelernt. *(Hebr 5,7–8)*

Impuls Was ist das für ein Gott, der das Leiden will? In der Abrahamsgeschichte stellt er doch eigentlich klar: Gott will das Menschenopfer nicht, Abraham muss nicht wie die Nachbarvölker Israels das Liebste, was er hat, seinen Sohn, als Opfer darbringen. Auch kein anderes Opfer war letztlich imstande, die Menschheit mit Gott zu versöhnen, das brachte nur sein geliebter Sohn zustande. Was Gott also von keinem Menschen fordert, das tut sein geliebter Sohn stellvertretend für uns.
Die Evangelien berichten uns nicht, dass Jesus sich auf seinen Tod gefreut hat. Vielmehr lesen wir: „Jetzt ist meine Seele erschüttert. Was soll ich sagen: Vater, rette mich aus dieser Stunde?" Jesus besinnt sich, er bleibt gehorsam: „Aber deshalb bin ich in diese Stunde gekommen." *(Joh 12,27)*
Wie aber ist das möglich, dass Gottes Sohn durch Leiden den Gehorsam lernen muss? Als der ewige Sohn war er in grenzenloser Liebe mit dem Vater eins, seine Menschenseele bäumte sich aber wohl wie bei uns allen gegen das Leiden auf, und er musste lernen, bis zum Letzten ja zu sagen zum Willen des Vaters. Jesu in Freiheit angenommenes, bejahtes Leiden konnte zum Segen für uns alle werden.
Beten wir in diesem Gesätz für alle, die sich schwer tun, die Leiden ihres Lebens als den Willen Gottes anzunehmen.

Gesätz Jesus, der durch Leiden den Gehorsam gelernt hat

5. Urheber unseres ewigen Heils

Lied GL 617,5

Schrifttext Zur Vollendung gelangt, ist Christus für alle, die ihm gehorchen, der Urheber des ewigen Heils geworden und wurde von Gott angeredet als „Hoherpriester nach der Ordnung Melchisedeks. *(Hebr 5,9–12)*

Impuls „Er (Jesus) ist der Stein, der von euch Bauleuten verworfen wurde, der aber zum Eckstein geworden ist. Und in keinem anderen ist das Heil zu finden. Denn es ist uns Menschen kein anderer Name unter dem Himmel gegeben, durch den wir gerettet werden sollen", bekennt Petrus freimütig, nachdem man ihn und Johannes noch der Heilung des Gelähmten an der Schönen Pforte des Jerusalemer Tempels verhaftet hatte *(Apg 4,12)*.
Jesus, der leidende Gottesknecht, hat in Tod und Auferstehung nicht nur das Leiden, sondern auch den Teufel und die Sünde überwunden, er kann seinen Jüngern am Ostersonntag den Heiligen Geist einhauchen und ihnen die Vollmacht verleihen, Sünden zu vergeben. Seine Auferstehung ist aber auch Überwindung unseres Todes. Wir dürfen hoffen, dass wir in ihm alles hinter uns lassen, was unser Leben jetzt noch beschwert: Tod, Trauer, Klage, Mühsal.
Beten wir in diesem Gesätz, dass alle Getauften ihre Hoffnung auf Jesus, den Heilbringer, setzen.

Gesätz Jesus, der zum Urheber unseres Heiles geworden ist

Abschluss

Haben wir in Jesus einen wirklichen menschlichen Bruder, so können wir seine Mutter Maria als Schwester der Menschen erkennen: Schwester aller, die suchen nach dem Willen Gottes zu leben, die an ihrem Glauben festhalten, trotz aller Sorgen und Nöte. Zu ihr rufen wir:

Litanei GL 783,5

Schlussgebet Guter Gott, du hast uns deinen Sohn Jesus Christus geschenkt, der uns Menschen in allem gleich war außer der Sünde. Wir danken dir dafür, dass sein Beispiel unter uns lebendig ist. Lass uns wie Maria unser Menschsein danach ausrichten und ihm ähnlich werden. Darum bitten wir durch ihn, Christus, unseren Bruder und Herrn in Ewigkeit.

Lied GL 570 (Salve regina)

20
Rosenkranzandacht zur Geheimen Offenbarung

1. Jesus, der kommen wird mit den Wolken
2. Jesus, der unsere Werke kennt
3. Jesus, der sich vor dem Vater zu uns bekennt
4. Jesus, der vor der Tür steht und anklopft
5. Jesus, der bei uns eintreten und mit uns Mahl halten will

Eröffnung

Lied   GL 554,1–2 (Wie schön leuchtet der Morgenstern)

Einführung   Die Offenbarung des Johannes ist eines jener Bücher in der Heiligen Schrift, die viele beschäftigen. Manche lesen es vor allem im Blick auf all die schrecklichen Dinge, die dort geschildert werden, und meinen, sie könnten darin Prophezeiungen erkennen für das „was bald geschehen muss" *(Offb 1,1)*, wobei sie „bald" auf unsere Zeit beziehen. Das Buch wurde geschrieben für Christen in Bedrängnis gegen Ende des 1. Jahrhunderts, und bei all den geschilderten schrecklichen Ereignissen geht es vor allem darum, diese Christen zu trösten und zum treuen Ausharren zu ermutigen. Auch uns will es Mut machen. Jesus ist es, der kommen wird – nicht nur allgemein, sondern in das Herz eines jeden und einer jeden von uns. Die Offenbarung des Johannes nennt ihn den Morgenstern: Beten wir mit Maria, dass er uns aufgehe und unser Inneres hell mache.

Gebet   Barmherziger Gott, du hast uns deinen Sohn geschenkt als den Morgenstern, der uns zum ewigen Leben aufstrahlen will. Hilf uns auf die Fürsprache der jungfräulichen Mutter Maria, treu in seiner Liebe zu verharren, damit er uns bei seinem Kommen bereit findet. Darum bitten wir durch ihn, Jesus Christus.

1. Jesus, der kommen wird mit den Wolken

Impuls Dann wird man den Menschensohn mit großer Macht und Herrlichkeit auf den Wolken kommen sehen" *(Mk 13,26).* So schildert Jesus in seiner großen Rede die Endzeit. In dieser spricht er über allerhand schreckliche Dinge, die über die Menschen kommen werden und ihnen große Furcht einflößen. Der Evangelist Lukas berichtet uns in diesem Zusammenhang ein sehr tröstliches Wort Jesu: „Wenn (all) das beginnt, dann richtet euch auf, und erhebt eure Häupter; denn eure Erlösung ist nahe" *(Lk 21,28).*
Beten wir für alle, denen Schweres zugemutet wird, dass sie in dem, der auf den Wolken kommen wird, nicht nur ihren Richter, sondern auch ihren Retter erkennen können!

Gesätz Jesus, der kommen wird mit den Wolken

Lied GL 555,1–2 (Morgenstern der finstern Nacht)

2. Jesus, der unsere Werke kennt

Impuls „Es ist ein Aug, das alles sieht, auch was in finstrer Nacht geschieht", heißt es in einem Sprichwort, das vielleicht manchem als Kind Angst eingejagt hat, wenn es so verstanden und vermittelt wird: Pass nur ja auf, Gott sieht alles, er erwischt dich! „Ich kenne deine Werke", wird in der Offenbarung des Johannes der Gemeinde von Philadelphia gesagt, und das meint: Ich weiß um deine Mühen, ich weiß um deine Bedrängnis und auch um deine Treue.
Ist Gott nicht einer, der als der nahe Gott immer um uns weiß? Schon dem Volk des Alten Bundes wird durch Mose gesagt: „Ich habe das Elend meines Volkes in Ägypten gesehen und ihre laute Klage über ihre Antreiber habe ich gehört. Ich kenne ihr Leid" *(Ex 3,7).* Im tiefsten Elend lässt Gott sein Volk nicht im Stich, er kommt ihm zu Hilfe – erst recht durch Jesus Christus, der einer von uns wurde, unser Hoher Priester,

der mitfühlen kann mit unserer Schwäche *(vgl. Hebr 4,15)*, weil er in allem wie wir in Versuchung geführt wurde, ohne freilich zu sündigen.
Denken wir in diesem Gesätz an alle, die in mancherlei Prüfungen stehen und unter Belastungen stöhnen; denken wir aber auch an alle, die von Menschen verkannt werden.

Gesätz   Jesus, der unsere Werke kennt

Lied   GL 555,3-4 (Morgenstern der finstern Nacht)

3. Jesus, der sich vor dem Vater zu uns bekennt

Impuls   Jesus sagt: „Wer sich nun vor den Menschen zu mir bekennt, zu dem werde auch ich mich vor meinem Vater im Himmel bekennen. Wer mich aber vor den Menschen verleugnet, den werde auch ich vor meinem Vater im Himmel verleugnen" *(Mt 10,32f)*. Wir Menschen haben bisweilen große Angst, uns klar zu Jesus Christus und zu unserem Glauben zu bekennen; wir gehen in unserer Umgebung auf, passen uns ihr an, sind in unserer Lebensweise nicht zu unterscheiden von Nicht- oder Andersglaubenden. In einer Schrift aus dem 3. Jahrhundert heißt es: „Die Christen sind Menschen wie die übrigen: sie unterscheiden sich von den anderen nicht nach Land, Sprache oder Gebräuchen. Sie wohnen in den Städten der Griechen und der Barbaren, wie es einem jeden das Los beschieden hat, und folgen den jeweils einheimischen Gesetzen. Wie sie jedoch zu ihrem Leben als solchem stehen und es gestalten, darin zeigen sie eine erstaunliche und, wie alle zugeben, unglaubliche Besonderheit." Unser Glaube soll unser Leben prägen, an unserem Tun soll man uns als Christen erkennen, getreu dem Wort von Paul Claudel: „Rede nur, wenn du gefragt wirst, aber lebe so, dass man dich fragt."
Beten wir dieses Gesätz für alle Christen, dass sie sich nicht scheuen, sich zu ihrem Herrn zu bekennen.

Gesätz	Jesus, der sich vor dem Vater zu uns bekennt
Lied	GL 554,5-6

4. Jesus, der vor der Tür steht und anklopft

Impuls „Ich stehe vor der Tür und klopfe an" *(Offb 3,20)*. Jesus ist zwar der treue und zuverlässige Zeuge, der aufdeckt, was Sünde in unserem Leben ist, aber zugleich ist es seine Freude, „bei den Menschen zu sein" *(vgl. Spr 8,31)*. Als der gute Hirt geht er den Seinen nach, sucht sie, klopft an die Türen unserer Herzen, möchte bei uns zu Gast sein wie bei Zachäus, damit auch uns das Heil geschenkt wird, weil ja die Kranken den Arzt brauchen und nicht die Gesunden *(vgl. Mt 9,12)*.
Beten wir für alle in der Kirche, denen es aufgetragen ist, den Menschen Christus, den Richter und Arzt gegenwärtig zu machen, und dass wir ihn unter das Dach unserer Seele eintreten lassen.

Gesätz	Jesus, der vor der Tür steht und anklopft
Lied	GL 555,5-6

5. Jesus, der bei uns eintreten und mit uns Mahl halten will

Impuls Das Festmahl zählt zu den biblischen Bildern, mit denen die messianische Zeit beschrieben wird: „Der Herr der Heere wird auf diesem Berg für alle Völker ein Festmahl geben mit den feinsten Speisen, ein Gelage mit erlesenen Weinen, mit den besten und feinsten Speisen, mit besten, erlesenen Weinen" lesen wir beim Propheten Jesaja *(Jes 25,6)*. Christus selber spricht vom Himmelreich im Bild des Hochzeitsmahles, er speist die Scharen, vor seinem Leiden reicht er den Seinen in Brot und Wein sein Fleisch und Blut, nach seiner Auferstehung bricht er den Emmausjüngern das Brot und reicht den Jüngern, die sich vergeblich abgemüht hatten, am Ufer des Sees Fisch und Brot. Von Anfang an halten die Jünger fest am Brotbrechen *(Apg 2,42)*, das heißt an der Feier der Eucharistie. Beten wir, dass alle Getauften mit großer Freude und Sehnsucht an der Feier der Eucharistie teilnehmen und den geheimnisvoll gegenwärtigen Christus aufnehmen.

Gesätz Jesus, der bei uns eintreten und mit uns Mahl halten will

Lied GL 554,4.7

Abschluss – Eucharistische Anbetung

Übertragung *während des letzten Liedes*

Lobpreis GL 781,1

Lied GL 538,1.6–7 (O heilger Leib des Herrn) *oder*
GL 541 (Tantum ergo)

Oration und Eucharistischer Segen

Lied GL 579 (Maria, Himmelskönigin)

Wer bin ich, dass du mich suchst?

2. Wer bin ich, dass du mich grüßt? Wie kommt es, dass mich das freut? Dein Wort lässt mich weinen und lachen zugleich, du teilst meine Armut, nennst mich gnadenreich – ||: wer bin ich, wer bin ich, wer bin ich, dass du mich grüßt? :||

3. Wer bin ich, dass du so sprichst? Wie kommst du zu meinem Ja? In mir wachse Kleinstes und Größtes zugleich, du tust mir ein Kind kund, in ihm Gottes Reich – ||: wer bin ich, wer bin ich, wer bin ich, dass du so sprichst? :||

4. Wer bin ich, dass mein Herz springt? Wie kommt das – ich bin bereit? Spür die Angst verfliegen, mein Mut wächst zugleich, kein Ding scheint unmöglich, Gott macht freudenreich – ||: wer bin ich, wer bin ich, wer bin ich, dass mein Herz springt? :||

T: *Eugen Eckert*
M: *Jürgen Kandziora*
© *2003 bei den Autoren*

Jesus,
der uns Maria, seiner Mutter, anvertraut

Rosenkranzandachten
zu marianischen Motiven

21
Maria, Königin des Friedens

1. Jesus, in dem uns der Friede Gottes erscheinen ist
2. Jesus, der gesagt hat: Der Friede sei mit euch
3. Jesus, der uns mit Gott versöhnen will
4. Jesus, der das Getrennte eint
5. Jesus, der uns inneren Frieden schenken will

Eröffnung

Lied   GL 595,1–2 (Maria, breit den Mantel aus)

Einführung   Eine kriegerische Auseinandersetzung gab den Anlass zur Entstehung des Rosenkranzfestes am 7. Oktober: die Seeschlacht von Lepanto im Jahr 1571. In ihr siegte die christliche Flotte über die türkische. Dieser Sieg wurde der Kraft des Rosenkranzgebetes zugeschrieben. Heute mutet uns diese Vorstellung seltsam an. Zu viele Kriege und zu viel Leid haben die Menschen gelehrt, Wege des Friedens und der Verständigung zu suchen. Sollten wir nicht auch da unsere Hilfe bei Christus suchen? Wir wollen dies tun im Blick auf seine Mutter Maria und im betrachtenden Rosenkranzgebet. In der Lauretanischen Litanei beten wir zu Maria, der „Königin des Friedens". Ihr Sohn ist gekommen, um Frieden zu bringen. Immer wieder haben die Menschen in der Not des Krieges zu Maria gerufen und durch ihre Fürbitte die Hilfe und den Trost des dreifaltigen Gottes erfahren. Ihn wollen wir zu Beginn preisen.

Lobpreis   GL 783,1

Lied   GL 595,3–4

Schriftlesung Jes 9,1–2.5–6a

Impuls

Die Christen haben sich immer wieder in Zeiten der Not und des Leides an Maria gewandt und sie um Hilfe angerufen, wenn der Friede in der Kirche oder der Friede unter den Völkern bedroht war. Im ersten Weltkrieg hat Papst Benedikt XV. der Gottesmutter den Titel „Maria, Königin des Friedens" gegeben und diesen Namen in die Lauretanische Litanei eingefügt. Auch Papst Pius XII. hat die Kirche in den Bedrohungen der Zeit in besonderer Weise der Mutter Jesu anempfohlen, als er die Welt ihrem unbefleckten Herzen weihte.

Maria, die Königin des Friedens. Sie hat Christus geboren, der uns den Frieden brachte. Die erste Botschaft die an die Menschen erging, war eine Friedensbotschaft. „Friede auf Erden den Menschen guten Willens" *(Lk 2,14)*, so verkündeten die Engel seine Ankunft in dieser Welt. Die erste Begegnung nach seiner Auferstehung mit seinen Jüngern, begann Jesus selbst mit einem Friedensgruß: „Der Friede sei mit euch" *(Lk 24,36)*. Sünde und Schuld bringen Unfrieden, Konflikte und innere Zerrissenheit mit sich. Christus wollte die Welt und damit die Menschheit wieder mit Gott versöhnen. Er wollte ihre innere Zerrissenheit und ihren Unfrieden heilen. Das erfahren wir aus dem Leben Jesu, wenn er die Krankheiten der Menschen heilte. Ihre physischen Krankheiten und Gebrechen waren immer Spiegel ihres psychischen Krankseins und ihrer Gebrochenheit. Wer eine solche Heilung erfahren hatte, der konnte sich öffnen für Christus, konnte sich ihm ganz zuwenden. Maria hat diese Heilung nicht gebraucht. Sie blieb verschont von den Folgen der Sünde. Sie lebte in innerem Frieden mit sich selbst: „Ich bin die Magd des Herrn". Sie konnte ihre verborgene Rolle als Mutter des Gottessohnes annehmen, weil sie es nicht nötig hatte, sich hervorzutun, auf ihr Recht zu bestehen. „Was er euch sagt, das tut" *(Joh 2,5)*. Sie zeigt bei der Hochzeit zu Kana von sich weg: Ihr Sohn ist maßgebend, nicht sie. Sie lebt ihre Rolle als Magd und als Dienerin im Frieden und der Hingabe an Gott und ihren Sohn. Sie ist die Magd geblieben bis unter das Kreuz.

Ein Herz, das sich mit Gott versöhnt hat, lebt im Frieden. Es kann sich öffnen für Gott, kann sich ganz ihm zuwenden. Ein friedvoller und friedliebender Mensch ist für seine Umgebung eine Wohltat. Er wird so selbst zum Friedensbringer.
So dürfen wir uns an Maria wenden, die auch hierin unser Vorbild sein kann. Wir dürfen sie bitten, dass wir durch ihre Hilfe und Führung in uns selbst den Frieden finden, damit er in unserer Welt wieder lebendig wird und Frucht bringt.

Kurze Stille

Rosenkranzgebet

1. *Gesätz*	Jesus, in dem uns der Friede Gottes erscheinen ist
2. *Gesätz*	Jesus, der gesagt hat: Der Friede sei mit euch
3. *Gesätz*	Jesus, der uns mit Gott versöhnen will
4. *Gesätz*	Jesus, der das Getrennte eint
5. *Gesätz*	Jesus, der uns inneren Frieden schenken will
Lied	GL 573,1.4 (Gegrüßet seist du, Königin)

Abschluss

Fürbitten Angesichts der großen Not so vieler Menschen in allen Teilen der Welt wenden wir uns mit Maria, der Königin des Friedens, an ihren Sohn und bitten ihn: Komm, o Herr, und bring uns deinen Frieden. *(GL 118,4)*
- Wir wollen in dieser Stunde besonders bitten für die Toten und Leidtragenden von Gewalt und Terror, von Kriegen und Unruhen, und rufen:
- Wir beten, dass der Herr den Verantwortlichen der Kriege, des Terrors und der Gewalt Einsicht und Umkehr geben möge, und rufen:
- Wir beten für die Menschen, die aus ihrer Heimat fliehen müssen, weil ihr Leben bedroht ist, und rufen:
- Wir beten für die Angehörigen von Kindern, die entführt und ermordet wurden, und rufen:

- Wir beten für die Kinder, die in Familie und Schule Gewalt und Unrecht erleben müssen, und rufen:
- Wir beten für die Jugendlichen, die in Radikalismus und Gewalt ihre Zukunft sehen, und rufen:

Vaterunser   Der Friede, den wir ersehnen, ist auch ein Zeichen für den Anbruch jenes Gottesreiches, das uns Jesus verkündet hat. Er hat uns gelehrt, um das Kommen dieses Reiches zu beten. So wollen wir mit seinen Worten sprechen:
Vater unser …

Gebet   Gott, du bist unser Vater und sorgst für alle. Schließe die Menschen, die durch gemeinsamen Ursprung verbunden sind, in Frieden zu einer Familie zusammen und vereine uns in geschwisterlicher Liebe. Schenke uns auf die Fürsprache Mariens auch den Frieden in uns selbst, damit wir aus ihm leben und handeln, wie es deinem Reich entspricht. Darum bitten wir durch Jesus Christus.

Segensbitte   Wir bitten um Gottes Segen.
Der Herr segne und behüte euch; er lasse sein Angesicht über euch leuchten und sei euch gnädig; er wende euch sein Antlitz zu und schenke euch seinen Frieden.
Das gewähre euch der dreieinige Gott, der Vater, + der Sohn und der Heilige Geist.

Zur Entlassung   GL 594,1.5–6 (Maria, dich lieben)

Maria, Maienkönigin

1. Maria, Maienkönigin, dich wollen wir begrüßen.
Die Erde voller Blütenpracht liegt rings zu deinen Füßen.
Lass Berg und Täler weit und breit der Erde Schönheit preisen
und lass die Menschen aller Zeit dir Lobgesang erweisen.

2. Gesegnet wurdest du von Gott, ein Vorbild aller Frauen.
Sei uns ein Licht, mach uns bereit, auf deinen Weg zu schauen.
Erfleh uns Kraft von Gottes Geist, das Leben zu vollenden,
halt unsre Herzen jederzeit in deinen guten Händen.

3. Propheten sahen dich voraus, die Frau im Sonnenzeichen.
Zwölf Sterne zieren rings dein Haupt, der Mond, er muss dir weichen.
Der Schlange nahmest du die Macht, den Sohn lässt du uns schauen,
dass wir in aller Not der Zeit an seinem Reiche bauen.

T: Friedrich Dörr

22
Maria, die Gott erhoben hat

Jesus, der dich zum Lobpreis Gottes bewegt hat

Eröffnung – Wortgottesdienst

Lied   Erhebt in vollen Chören, 1. Str. (S. 42)

Gruß und Einführung

Der Herr hat Maria hoch erhoben. Seine Gnade sei auch mit euch.
Maria, die von Gott Erwählte, haben wir gegrüßt: Sie ist unser Trost, weil sie uns den Sohn Gottes, des ewigen Vaters, geboren hat, empfangen vom Heiligen Geist. Mit Maria zusammen loben wir den dreifaltigen Gott, denn mit ihr hat er auch uns seine Gnade zugesprochen und will uns in Jesus Christus nahe sein.

Lobpreis   GL 783

Lied   Erhebt in vollen Chören, Str. 2

Andachtsteil   GL 783,4 (Mutter Gottes)

Lied   Erhebt in vollen Chören, Str. 3

Psalm   Ps 113; GL 693,1.2
abwechselnd linke und rechte Seite

Besinnung   Der Psalm, den wir gebetet (gesungen) haben, erinnert in manchen seiner Bilder und Worte an den großen Gesang Mariens, das Magnificat: Der Herr hebt den Schwachen empor, er erhöht die Armen. Deswegen wird er gepriesen – vom Aufgang der Sonne bis zum

Untergang. Es ist nicht der einzige biblische Text, der Anklänge an das Magnificat aufweist. Anders gesagt: Das Magnificat Mariens aus dem Lukasevangelium besitzt manche Vorbilder, wie auch Maria selbst Vorbilder hatte in den gläubigen Männern und Frauen Israels, die auf Gott vertrauten und sich ihm ganz überließen.

In besonderer Weise können wir Hanna, die Mutter Samuels, als ein Vorbild Marias ansehen. Hanna war die erste Frau des Elkana; sie litt sehr darunter, dass sie kinderlos blieb. Ihr Mann tröstete sie – er sprach: Bin ich dir nicht mehr wert als zehn Söhne? *(1 Sam 1,8)* –, zugleich aber machte ihr die zweite Frau des Elkana das Leben schwer. Anlässlich einer Wallfahrt zum Heiligtum Gottes in Schilo gelobte sie, dass sie, falls ihr ein Sohn geschenkt würde, diesen dem Herrn weihen würde. Der Priester Eli bestärkte sie in ihrem Glauben; Hanna aber bat den Herrn, dass sie Gnade finden möge vor den Augen des Herrn. Tatsächlich wurde Hanna schwanger und gebar einen Sohn, den sie Samuel nannte, was soviel heißt wie: „Ich habe ihn vom Herrn erhalten." Als sie Samuel entwöhnt hatte, brachte sie ihn zusammen mit ihrem Mann zum Tempel in Schilo und übergab ihn dem Priester Eli. Sie sagte: „Ich habe um diesen Knaben gebetet, und der Herr hat die Bitte erfüllt, die ich an ihn gerichtet habe. Darum lasse ich ihn auch vom Herrn zurückfordern, er soll sein ganzes Leben ein vom Herrn Zurückgeforderter sein" *(1 Sam 1,28)*. Und sie sang – wie später Maria – ein Lied:

„Mein Herz ist voll Freude über den Herrn,
große Kraft gibt mir der Herr.
Die Satten verdingen sich um Brot,
doch die Hungrigen können feiern für immer.
Die Unfruchtbare bekommt sieben Kinder,
doch die Kinderreiche welkt dahin.
Der Herr macht arm und macht reich,
er erniedrigt und er erhöht." *(1 Sam 2,1a.5.7)*

Erleben dürfen, dass etwas Ersehntes wirklich eintritt; dass etwas geschieht, womit man nicht mehr gerechnet hat; dass etwas ganz anders kommt, als man es vielleicht befürchtet hat: Alles das kennen wir auch. Auch wir haben immer wieder einmal solche Glücksmomente im Leben, in denen wir vielleicht denken: Hier hatte Gott seine Hand im Spiel. Und das sollte mehr sein als ein Bild: Für den glaubenden Menschen hat Gott wirklich seine Hand im Spiel, bestimmt er das Leben: Wie oft hatten wir schon Anlass, Gottes Handeln an uns zu preisen, ihm dafür zu danken?! Gott nimmt sich unser an. In Jesus Christus, Marias Sohn, hat er sich klein gemacht, um uns zu erhöhen. Er hat unser Leben geteilt und sogar unseren Tod auf sich genommen, damit wir Anteil an seinem göttlichen Leben bekommen.

Gott gab und gibt auch uns Grund zur Dankbarkeit und Freude. So wollen wir beten im Blick auf Jesus, der Maria zum Lobpreis Gottes bewegt hat.

Rosenkranzgebet

Gesätz   Jesus, der dich zum Lobpreis Gottes bewegt hat

Lied   GL 261 (Den Herren will ich loben) *oder*
Es singt in mir (S. 75)

Abschluss

Fürbitten   Nach der Botschaft des Engels eilte Maria zu Elisabet, die in fortgeschrittenem Alter ebenfalls ihr erstes Kind erwartete. Sie blieb bei ihr bis zur Niederkunft und half ihr in den letzten schweren Monaten der Schwangerschaft. So sollen auch wir umeinander besorgt sein.
- Wir beten für alle, die in Not geraten sind, die keine Zukunft mehr sehen und Verzweiflung spüren: Herr, lass sie schauen dein Heil.
- Für alle Paare, denen die Erfüllung ihres Kinderwunsches bislang versagt blieb:

- Für alle, die gering geschätzt oder unterdrückt werden und sich nach Anerkennung sehnen:
- Für alle, die krank sind und ihre ganze Hoffnung auf den Heiland setzen:
- Für die Menschen in Israel und Palästina, die sich den Frieden wünschen:
- Für alle, an die wir jetzt besonders denken, weil wir ihre Sorgen und Anliegen kennen:

Vaterunser Alle unsere Bitten, guter Gott, sind in dir aufgehoben, denn du bist unser Vater. Zu dir dürfen wir sprechen:
Vater unser ...

Gebet Guter Gott, was du an Maria Großes getan hast, ist auch auf unserem Weg Verheißung und Ermutigung. Lass uns auf sie schauen als unseren Trost und unsere Hoffnung und dir stets dankbar sein und dich preisen in Ewigkeit.

Segen und Entlassung

oder

Aussetzung mit Eucharistischem Segen

Zur Übertragung
GL 544,1-2.5 (Das Geheimnis lasst uns künden)

Anbetung GL 767,2

Lied GL 541 (Tantum ergo)

Oration und Eucharistischer Segen

Lied Nun Brüder sind wir frohgemut (GL-Diözesananhänge)

23
Maria, in der sich Himmel und Erde berühren

Jesus, durch den dich Gott groß gemacht hat

Eröffnung – Wortgottesdienst

Lied	Im Maien hebt die Schöpfung an (S. 70) *oder* Maria, Maienkönigin (S. 132) *oder* GL 573,1–3 (Gegrüßet seist du, Königin)
Lobpreis	GL 783
Liedstrophe	GL 573,5
Hinführung	Eine Begegnung, die Geschichte machte. Eine Begegnung, die die Welt veränderte. Eine Begegnung, die bis heute nachwirkt. Als der Engel zu Maria kam, berührten einander Himmel und Erde: Der Himmel neigte sich herab und zog den Menschen zu sich herauf. Den die Himmel nicht fassen, er nahm Wohnung in der Jungfrau Maria. – Wie soll das geschehen?, fragte das Mädchen Maria. Wie kann Gottes Sohn aus mir geboren werden? Wer bin ich, dass mein Gott mich auserwählt? Was ist der Mensch, dass Gott sich seiner annimmt? Immer wieder haben Menschen sich das gefragt, sie haben gezweifelt, wenn sie von Gott berufen wurden. Sie hielten sich für unwürdig, in Gottes Dienst zu treten. Doch Gott sieht auf das Kleine. Er nimmt sich der Schwachen an. Er hat ein Auge für die, die scheinbar am Rande stehen, und macht sie groß. Wie Maria, dich und mich.

Psalm	Ps 8; GL 629,1.2 *(sprechen oder singen)*
	Stille
Psalmgebet	Herr, unser Gott, kein Mensch ist so gering, als dass du ihm nicht nachgingest und ihm begegnen willst. Du hast dich deiner Magd Maria angenommen und sie mit Herrlichkeit und Ehre gekrönt, weil sie deinen Sohn zur Welt gebracht hat, unseren Bruder und Herrn Jesus Christus, in dem wir dich preisen in Ewigkeit.
Schriftlesung	Lk 1,26–38
Impuls	Die moderne Technik erlaubt es uns manchmal, gewissermaßen „lieber Gott" zu spielen und auf die Erde herabzuschauen. „Google-Earth" heißt das Internet-Programm, mit dem man jeden beliebigen Ort der Erde finden und betrachten kann. Zuerst schwebt die Erde, der blaue Planet, als kleine Kugel auf dem Bildschirm, doch nach Eingeben des Ortsnamens wird sie größer und bewegt sich um sich selbst, bis der Ziel-Pfeil genau über dem Ort stehen bleibt, den man sucht. Zum Beispiel Nazaret. Kein besonders attraktiver Ort. Heute nicht und damals auch nicht. Von Jerusalem nicht so weit entfernt, aber eben nicht Jerusalem. Eher ein Provinznest. Hätte Gott sich nicht einen anderen Ort aussuchen können, um Mensch zu werden?, möchte man manchmal auch angesichts der heutigen Schwierigkeiten in dieser Region der Erde sagen. Und dann dieses Mädchen. Wir wissen genau genommen nichts von ihr. Alles, was von ihren Eltern gesagt wird, ist spätere Legende, gewachsen aus dem Bemühen, Licht in das Dunkel zu bringen: Wer ist sie, wer war sie? Woher kam Maria, warum gerade sie? Alle Antworten auf diese Fragen führen zu Gott. Er ist ein Gott der kleinen Leute. Er sucht die Menschen, die ein einfaches Herz haben. „Selig" nennt Jesus diejenigen, die arm sind, die trauern, die keine Macht haben und keine Gewalt anwenden, die am Rande bleiben und verlacht, verfolgt,

ja sogar getötet werden. Ihnen ist Gott nahe. Wir dürfen ihn nicht dort suchen, wo die Macht zuhause ist. Und wo man ihn mit Macht und Herrlichkeit umkleidet, da zieht er sich zurück. Das Reich Gottes folgt anderen Gesetzmäßigkeiten, als unsere Welt dies tut.

Maria ist ein Bild für dieses Wohnen Gottes unter uns. Sie, das kleine Mädchen aus dem unscheinbaren Ort, über deren Woher wir nichts wissen und deren Leben weitgehend im Dunkeln bleibt, auch wenn der Glaube mehr sieht: Maria steht für uns alle, die Gott anschaut, obwohl wir ihm nicht viel zu bieten haben. Er will uns, wenn wir unser Ja zu ihm sagen, groß machen, einen Namen und eine Zukunft bei sich geben.

Andachtsteil

Lied	Wer bin ich, dass du mich suchst? (S. 126)
Wechselgebet	GL 783,9 *ohne Gebet*
oder *Gesätz*	Jesus, durch den dich Gott groß gemacht hat
Lied	GL 688/689 (Magnificat) *oder* GL 261 (Den Herren will ich loben)
Gebet	GL 783,9 (Schluss)

Abschluss

Segen und Entlassung

Lied	GL 576 (Freu dich, du Himmelskönigin)

24
Maria, die das Wort Gottes hörte und es befolgte

1. Jesus, der das ewige Wort des Vaters ist
2. Jesus, das Wort, das aus dir Fleisch angenommen hat
3. Jesus, der das Wort Gottes verkündete
4. Jesus, dessen Wort du gehört und befolgt hast
5. Jesus, auf dessen Wort du die Menschen verwiesen hast

Eröffnung

Lied　　GL 586,1 (Gruß dir, Mutter)

Einführung　　Wenig berichten uns die Evangelisten über die Gottesmutter Maria. Doch sie schildern sie als eine von Anfang an dem Wort Gottes vertrauende junge Frau, die ihren Sohn, das Mensch gewordene ewige Wort des himmlischen Vaters, auf seinem Weg begleitete; die sein Evangelium aufnahm, noch unter seinem Kreuz ausharrte und nach seiner Auferstehung und Himmelfahrt im Kreis der Jünger betete. Maria hat das Wort Gottes gehört, in ihrem Herzen erwogen und in ihrem Leben befolgt. Deshalb preisen wir sie selig. Im Rosenkranzgebet wollen wir diesem Wort Gottes nachspüren und Maria, die Mutter aller Glaubenden, bitten, dass sie uns auf dem Weg der Nachfolge ihres Sohnes beistehe.
Zusammen mit ihr rufen wir zum dreifaltigen Gott.

Lobpreis　　GL 783

1. Jesus, der das ewige Wort des Vaters ist

Schrifttext Im Anfang war das Wort, und das Wort war bei Gott, und das Wort war Gott. Im Anfang war es bei Gott. Alles ist durch das Wort geworden, und ohne das Wort wurde nichts, was geworden ist. In ihm war das Leben und das Licht der Menschen. *(Joh 1,1–4)*

Gesätz Jesus, der das ewige Wort des Vaters ist

Lied GL 594,1 (Maria, dich lieben)

2. Jesus, das Wort, das aus dir Fleisch angenommen hat

Schrifttext Und das Wort ist Fleisch geworden und hat unter uns gewohnt, und wir haben seine Herrlichkeit gesehen, die Herrlichkeit des einzigen Sohnes vom Vater, voll Gnade und Wahrheit *(Joh 1,14)*

Gesätz Jesus, das Wort, das aus dir Fleisch angenommen hat

Lied GL 594,2

3. Jesus, der das Wort Gottes verkündete

Schrifttext Nachdem man Johannes ins Gefängnis geworfen hatte, ging Jesus wieder nach Galiläa; er verkündete das Evangelium Gottes und sprach: Die Zeit ist erfüllt, das Reich Gottes ist nahe. Kehrt um und glaubt an das Evangelium! *(Mk 1,14–15)*

Gesätz Jesus, der das Wort Gottes verkündete

Lied GL 594,3

4. Jesus, dessen Wort du gehört und befolgt hat

Schrifttext Als er das sagte, rief eine Frau aus der Menge ihm zu: Selig die Frau, deren Leib dich getragen und deren Brust dich genährt hat. Er aber erwiderte: Selig sind vielmehr die, die das Wort Gottes hören und es befolgen. *(Lk 11,27–28)*

Gesätz Jesus, dessen Wort du gehört und befolgt hast

Lied GL 594,4

5. Jesus, auf dessen Wort du die Menschen verwiesen hast

Schrifttext Am dritten Tag fand in Kana in Galiläa eine Hochzeit statt, und die Mutter Jesu war dabei. Auch Jesus und seine Jünger waren zur Hochzeit eingeladen. Als der Wein ausging, sagte die Mutter Jesu zu ihm: Sie haben keinen Wein mehr. Jesus erwiderte ihr: Was willst du von mir, Frau? Meine Stunde ist noch nicht gekommen. Seine Mutter sagte zu den Dienern: Was er euch sagt, das tut! *(Joh 2,1–5)*

Gesätz Jesus, auf dessen Wort du die Menschen verwiesen hast

Lied GL 595,5–6

Abschluss

Andachtsteil GL 783,8 (Mutter der Glaubenden)

Lied GL 586,3

Als strahlend helles Morgenrot

1. Als strahlendhelles Morgenrot
stiegst du, Maria, auf zu Gott
und übertriffst an Glanz und Macht
der Sonne und des Mondes Pracht.

2. Als Königin der ganzen Welt
hat dich der höchste Herr bestellt,
dich Jungfrau, die den Sohn gebar,
der vor dem Morgenstern schon war.

3. Du überbietest wunderbar
der Engel und der Heil'gen Schar;
sie sehn in dir in sel'ger Schau
die ganz von Gott erfüllte Frau.

4. Den du in deinem Schoß gehegt
und in die Krippe hast gelegt,
siehst du, erhöht nach Kreuz und Leid,
in seines Vaters Herrlichkeit.

5. Dass er sein Leben schenken kann,
nahm er von dir das unsere an.
Du hast den Heiland uns gebracht:
O Jungfrau, groß ist deine Macht.

6. Was du erfleht, gewährt dein Sohn:
Send Hilfe uns vom höchsten Thron.
Halt schützend über uns die Hand
und segne unser Volk und Land.

T: Friedrich Dörr
M: zu singen nach GL 605
(Gott, aller Schöpfung heilger Herr)

Gebet	Gott, unser Vater, dein Sohn hat uns vor seinem Tod am Kreuz Maria, seiner Mutter, anvertraut. Nach ihrem Rat und Vorbild lass uns leben und auf ihre Fürsprache für immer deine Kinder bleiben. Darum bitten wir durch Jesus Christus.
Schriftlesung	Wie ein Weinstock trieb ich schöne Ranken, meine Blüten wurden zu prächtiger und reicher Frucht. Ich bin die Mutter der schönen Liebe, der Gottesfurcht, der Erkenntnis und der frommen Hoffnung. In mir ist alle Lieblichkeit des Weges und der Wahrheit, in mir alle Hoffnung des Lebens und der Tugend. Kommt zu mir, die ihr mich begehrt, sättigt euch an meinen Früchten! An mich zu denken ist süßer als Honig, mich zu besitzen ist besser als Wabenhonig. Wer mich genießt, den hungert noch, wer mich trinkt, den dürstet noch. Wer auf mich hört, wird nicht zuschanden, wer mir dient, fällt nicht in Sünde. *(Sir 24,17–22)*
Lied	GL 577,4

1. Maria, Mutter des guten Rates

Impuls	Als Mutter des guten Rates rufen die Gläubigen die selige Gottesmutter an, wenn sie die Lauretanische Litanei beten. Mit diesem Titel wird sie zu Recht geschmückt, denn sie hat den Sohn Gottes geboren, den Jesaja prophetisch als „Wunderbarer Ratgeber" bezeichnet hat. Bitten wir mit ihr für alle, die den Geist des Rates brauchen, weil sie in Sorgen sind oder vor Entscheidungen stehen, und für uns, dass wir erkennen, was Gott gefällt.
Gesätz	Jesus, der uns Gottes Wege weist
Lied	Meerstern, ich dich grüße … Gottesmutter süße

25
Maria, uns zur Mutter gegeben

1. Jesus, der uns Gottes Wege weist
2. Jesus, der die Menschen bis zum Ende geliebt hat
3. Jesus, in dem uns aller Trost zuteil wird
4. Jesus, der den Menschen Hoffnung und Leben gab
5. Jesus, der uns zur Einheit führt

Eröffnung – Wortgottesdienst

Lied GL 577,1–3 (Maria, Mutter unsres Herrn)

Einführung „Bei dem Kreuz Jesu standen seine Mutter und die Schwester seiner Mutter, Maria, die Frau des Klopas, und Maria von Magdala. Als Jesus seine Mutter sah und bei ihr den Jünger, den er liebte, sagte er zu seiner Mutter: Frau, siehe, dein Sohn! Dann sagte er zu dem Jünger: Siehe, deine Mutter! Und von jener Stunde an nahm sie der Jünger zu sich." – Maria ist nicht nur die Mutter Gottes, sie ist auch uns zur Mutter gegeben. In vielfacher Weise begleitet sie unser Leben und unseren Glauben. So wird sie von den Christen auch angerufen als Mutter des guten Rates, als Mutter der schönen Liebe, als Mutter der heiligen Hoffnung, als Mutter der Einheit und Mutter des Trostes. Mit ihr wollen wir den Herrn grüßen, der sie uns zur Mutter gegeben hat:

Kyrie-Rufe Herr Jesus Christus,
ewiger Sohn des ewigen Vaters: Kyrie eleison.
Kind der jungfräulichen Mutter Maria: Christe eleison.
Bruder der Menschen: Kyrie eleison.

2. Mutter der schönen Liebe

Impuls Als „Mutter der schönen Liebe" wird Maria nach einem Wort aus dem Buch Jesus Sirach bezeichnet. Ihre geistliche Schönheit besteht in ihrer Sündelosigkeit. Sie hat uns Christus geboren, der die Seinen in der Welt liebte bis zur Vollendung.
Beten wir mit Maria, dass wir die Gottes- und Nächstenliebe, die uns Jesus aufgetragen hat, immer tiefer in uns ausprägen und so ihren Weg gehen, der zur Schönheit vor Gott führt.

Gesätz Jesus, der die Menschen bis zum Ende geliebt hat

Lied Meerstern ... Rose ohne Dornen

3. Mutter des Trostes

Impuls Wenn die Heilige Schrift von den Taten Gottes für das unterdrückte und gefangene Volk spricht, wird oft vom „Trost Gottes" gesprochen. Sein größter Trost ist die Menschwerdung seines Sohnes, der gekommen ist, zu heilen, was verwundet ist. Daher wird Maria als Mutter des Trostes und Trösterin der Betrübten bezeichnet, weil sie uns immer wieder ihren Sohn zeigt und uns ihm anvertraut.
Beten wir mit ihr für alle, die von Trauer und Not bedrückt sind, dass sie in Jesus Christus Trost erfahren.

Gesätz Jesus, in dem uns aller Trost zuteil wird

Lied Meerstern ... Quelle aller Freuden

4. Mutter der heiligen Hoffnung

Impuls   Maria wird in Blick auf ihre Rolle in der Heilsgeschichte oft „unsere Hoffnung" genannt. Schon ihre Geburt war ein Hoffnungszeichen für die Welt, da sie zur Mutter dessen erwählt wurde, der uns vom Tod zum Leben führt. Und auch ihre glorreiche Aufnahme in den Himmel ist ein Unterpfand unserer Hoffnung auf Erlösung. Beten wir mit ihr für alle, die verzweifelt sind, dass sie neue Kraft und Hoffnung in Christus finden.

Gesätz   Jesus, der den Menschen Hoffnung und Leben gab

Lied   Meerstern … Dich als Mutter zeige

5. Mutter der Einheit

Impuls   Vor seinem Tod hat Jesus gebetet, dass alle eins sein sollen, wie er mit dem Vater eins ist. Die Kirche vertraut auf die Mutterschaft Mariens, dass die Völker der Erde zusammengeführt werden zu dem einen Volk des Neuen Bundes.
Beten wir mit Maria, die den geboren hat, der Gottheit und Menschheit in sich vereinte, dass wir voranschreiten auf diesem Weg, auf den uns Jesus gestellt hat.

Gesätz   Jesus, der uns zur Einheit führt

Lied   Meerstern … Nimm uns in die Hände

Abschluss

Gebet

Mutter unseres Erlösers, Mutter der Kirche und unsere Mutter. Mit dir preisen wir unseren Herrn und Gott, der auf die Niedrigkeit der Menschen schaut und Großes für uns getan hat durch den Tod und die Auferstehung seines Sohnes. Deinem mütterlichen Schutz empfehlen wir die ganze Kirche: den Papst, die Bischöfe, Priester und Ordensleute, die Alleinstehenden, die Familien und die Pfarrgemeinden. Mögen alle Christen wachsen in Glaube, Hoffnung und Liebe. Mache sie zu glaubwürdigen Zeugen deines Sohnes, seiner befreienden Wahrheit und erlösenden Liebe, in der allen Menschen guten Willens ewiges Heil verheißen ist. Mutter des ewigen Wortes, lehre uns, Christus entgegenzugehen, unserem wiederkommenden Herrn und Retter, in dessen seliger Gemeinschaft du lebst und für uns eintrittst jetzt und alle Tage und in Ewigkeit.

(nach einem Gebet Papst Johannes Paul II. in Kevelaer 1987)

Lied   GL 261 (Den Herren will ich loben)

Segen und Entlassung

Nachweise

Autoren

Johannes Putzinger   1, 3, 4, 5, 6, 7, 12, 15, 16, 17, 18, 19, 20
Guido Fuchs   8, 9, 10, 11, 13, 14, 21, 22, 23, 24, 25
Cornelia Bothe   21
Franz Feineis   S. 9f (Beitrag aus Liturgie konkret 10/1998)

Messbuchtexte

Die ständige Kommission für die Herausgabe der gemeinsamen liturgischen Bücher im deutschen Sprachgebiet erteilte für die aus diesen Büchern entnommenen Texte die Abdruckerlaubnis.

Bilder

Johannes Putzinger (alle)

Trotz sorgfältiger Recherche konnten leider nicht alle Rechteinhaber ausfindig gemacht werden. Bei Ansprüchen wenden Sie sich bitte an den Verlag.

Maiandachten

Werner Eizinger
Mit dir, Maria
Neue Maiandachten
2. Auflage
88 Seiten, kartoniert
ISBN 978-3-7917-1956-6

15 Maiandachten, die sich jeweils unterschiedlichen Aspekten der Bedeutung Marias (neue Eva, Begnadete, Gesegnete, Couragierte etc.) widmen und einem klaren Aufbau folgen: Schriftlesung, Betrachtung, Fürbitten bzw. Bittrufe, Litanei, Gebet sowie Lieder.

„Sehr empfehlenswert!" (Buchprofile)

Verlag Friedrich Pustet www.pustet.de

Mariengottesdienste

Felicitas Riffel (Hg.)
**Maria,
Mutter unseres Herrn**
Gottesdienste
zum Marienmessbuch
200 Seiten, kartoniert
ISBN 978-3-7917-1877-4

Das Buch bietet 46 Gottesdienstmodelle zu allen Formularen des so genannten Marienmessbuchs, jeweils mit Einführung, Kyrie-Rufen, Fürbitten, Impuls für eine kurze Homilie oder Besinnung, Liedvorschlägen. Für die Gestaltung von Gottesdiensten am Mariensamstag, für Rorate-Feiern oder Gottesdienste an Marienfest- oder Gedenktagen.

Verlag Friedrich Pustet www.pustet.de